活畅想曲

张华 著

民主与建设出版社
·北京·

© 民主与建设出版社，2020

图书在版编目（CIP）数据

生活畅想曲 / 张华著. —北京：民主与建设出版
社，2020.5

ISBN 978-7-5139-3022-2

Ⅰ.①生… Ⅱ.①张… Ⅲ.①随笔—作品集—中国—
当代 Ⅳ.①I267.1

中国版本图书馆CIP数据核字（2020）第067610号

生活畅想曲
SHENGHUO CHANGXIANGQU

著　　者　张　华
责任编辑　刘　芳
封面设计　北京中尚图文化传播有限公司
出版发行　民主与建设出版社有限责任公司
电　　话　（010）59417747　59419778
社　　址　北京市海淀区西三环中路10号望海楼E座7层
邮　　编　100142
印　　刷　河北盛世彩捷印刷有限公司
版　　次　2020年5月第1版
印　　次　2020年5月第1次印刷
开　　本　880mm×1230mm　1/32
印　　张　7.5
字　　数　168千字
书　　号　ISBN 978-7-5139-3022-2
定　　价　49.00元

注：如有印、装质量问题，请与出版社联系。

序

　　人生不管处于什么样的境遇，都需要以美好的姿态生活。心若安然，清风自来。

　　也许你会失去生活的信心，心中布满阴云，看不清生活的道路。

　　美好的事物需要用心灵的眼睛去发现。很多时候，我们看不到美好的事物，失去了发现美好的眼睛。

　　站在一个高的角度看待事物，就会放大自己的视野。

　　我们为什么忧伤？为什么惆怅？我们无法逃脱人生的困苦。

　　人生只因曾经拥有，才显得更有意义。

　　生命，总有一个地方，适合我们生长。无愧于人生，才是生活。

　　是为序。

张华

2020.3.20

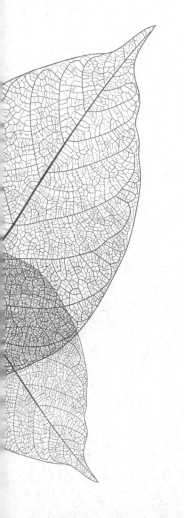

┃ 目 录 ┃

爱如流水，涓涓不息

每个人在成长的路上，都少不了父母的深情关爱、精心呵护。岁月如梭，时光变迁，父母对子女的深情，始终如一。

父母的爱，纯洁而执着，像绵绵的细雨，抚在心上。从出生的那一刻，这种爱就注定了。

父母用爱与情、汗与泪，含辛茹苦地把我们从一个小不点儿慢慢地培育成人，费尽周折。爱在漫延里从青丝变白发，从眼神炯炯到目光灰暗，步履蹒跚……

无论孩子如何，爱都在那里，不离不弃，永远像一股甘甜的泉水，涓涓不息。

父母，用一生的目光，追随着孩子的成长。子女的健康、平安、幸福，就是他们此生最大的希望和安慰！

他们用爱心、苦心和真心，呵护着我们的每一天的成长。

小时候，很厌烦母亲经常地唠叨和指责。

长大后，我才懂得母亲的良苦用心。那种过分而严苛的要求其实让我受用一生。那些做人的道理、与人相处之方式，都是母亲在我似懂非懂时教会我的。

父母不在乎吃穿，平时舍不得为自己多花一分钱，为了子女却一点不吝惜。这是一种什么样的爱啊？这又是一种什么样的情啊？只有父母为儿女才会有如此深情的爱。

我刚离开故乡父母送我时，千叮万嘱，担心、忧虑写在脸上。

母亲悄悄地扭转头，轻轻拭去眼角的泪水。我走远了，那双伤痕累累被岁月磨砺的手，还在执着地挥舞着……多年后想起那一幕，仍然思绪万千，心潮起伏。

从此，与父母相隔千里，在年年月月里，在苦苦等待的目光里，来去匆忙。

有多少爱可以重来？有多少爱可以等待？父母的爱像蚕丝一样，缱绻一生，缠绕一生。

世上哪一种爱能深过父母对子女的爱呢？

爱在冬季，此情绵绵

北风呼啸，雪花纷飞；寒梅盛放，傲立枝头。

我在冬季守候一份诺言，等待着你的到来。等待，是一种煎熬，也是一种美丽的期许。等待你穿越时空，在漫长的冬季为我而来；等待你这下着雪的精灵，让我一睹你的风采。

雪，你悄然地来了，飘逸灵动，舞在我的世界里。

潇潇白雪，你，随着寒风翩然而至。

你轻轻地飘落在我的身边，你就是我的希望。

没有你，我怎会拥有那样一份执着与热情。

雪，你的轻盈、安静与纯洁，让我的心荡漾不已。你的美丽、你的可爱，让我心神飞扬。

纷纷扬扬的白雪将含苞待放的花蕾绽放。

风雪本无情，却对寒梅情有独钟；冬天本无花，却让风雪铸就了朵朵寒梅盛放。

是你，让我成就了坚强与无所畏惧的品质。你的爱，不仅是一种温柔与呵护，也是一种用生命铸就起的花朵。

比如爱情

人生短暂，容不得彷徨和犹豫。瞬间，天色已晚。

活着，对于人生而言，就是对某种信念的追求。

每一个人，都希望自己轻松而又自在地活着。可生活，却偏偏会出其不意地制造一些麻烦，让我们难以承受。

生活，就是一本厚重的书，蕴藏着深厚的知识。

美好的生活，总是值得去追求，哪怕历尽艰辛。

生活离不开爱，人生离不开为爱而生活。亲情、爱情、友情，是维系我们生存下去的理由，也是我们活着的最终意义。任何一个人，离开了关爱和陪伴，都不可能独活。

只有学会爱自己，才能更好地爱别人。

爱情是不会老去的。人生，终将，要寻觅那个与自己心灵合一的人。或许多年以后，你有幸遇见了。

所以说，一份真正的爱，是来自内心的爱，是彼此思想火花的绽放与融合。

当你真正地爱自己了，就会发现，天空是如此之辽阔深远，海洋是如此之气势磅礴。由此，你就会热爱人生的一点一滴，热爱这世间的一草一木，那么你的心中就会充满力量，充满温暖和快乐。

这世上，一个充满力量的人，必定也是一个好好爱自己的人；一个能够好好爱自己的人，也必定会收获一份来自内心的真正的爱情。

冰溪，一个清净不醒的梦

冬日，常常沉浸在夜里，思绪随风，飘向远方。

为了奔赴这尘世之约，你历尽世间的酸楚，在浓烈的冬季，与清寒融为一体，悄悄地凝固。

你一路款款而来，被浓烈的冬寒包围在寂静的山野，静静地绽放着精美的冰花。

在这寂静的山谷，在远离人群的地方，你忍受着冰彻的寒冷，升华着另一种状态。

那一刻，我站在山谷里，用心去感受生命中难得的清冷和恬静。从那里，可以望见远处皑皑的山雪，在阳光下散发出的柔和光芒。

溪流，哗哗作响，有冰花，一点一滴、一朵一朵，在冰面上交错着，连接着，让人不禁生出惊艳。

站在这冰冷但绝美的世界里，我读出了你所折射出的芳华，你似乎在告诉我，请在寒冬里来，怀着清净的心，融入我的世界。你只愿那些满怀童真的眼睛，来欣赏你绝世的惊艳，你无法承受红尘里万千的污浊，那些强加于你的种种浮躁和浊气，因为，那会让你窒息。我用眼睛记录着你这世间纯净的美丽，你的面貌从此便在我的心中定格，成为岁月再也带不走的记忆。那一刻，金色的阳光照在周围的树上，呈现暖暖的色调，而你，依然在自我的沉睡里，用一颗冰心，展示着玲珑剔透的美。

擦亮一片思绪的视觉

窗外的灯光闪烁，试图照亮我整个的心灵，而思绪却散落在黑暗中，与夜交换着一种寂寞。

深陷在寂寞里，如烟，似雾，又像风。

我站在一片黑暗中跳动着不规则的心律。

我无法将心收回，折断夜的黑暗。

记忆擦亮了一滴泪，直抵内心的世界。

这个季节，风凉了。

多么想，你带着朝霞，用一个漂亮的微笑，出现在我的目光中。

记忆如一块枯木，在心灵的点击下，燃烧。

我以潮湿的眼眸，还原了你的样子。

思绪穿越云朵，蓦然聚首，阑珊灯火处。冷冷的夜色与我默默地相对，我静静地看着远方，念你。

你住进了我的记忆中。我怀拥着夜色，与天空对白。请不要将你的眼眸深藏，藏在看不到我的地方。

一段距离，让思索的内心趋于丰满。一片落叶或许能证明一个季节的来临，却无法证明我已经忘了你。

夜晚，我看到的只有黑色，我无法用眼睛举起的火把，照亮远方的你。

沉浮人生

茫茫人海里，你就像一叶浮萍。

经历了一次次的风雨，心慢慢地淡然了，平静了。冗冗的长夜，雨丝卷帘，你被现实打击、折磨，你在自我的世界里，无助地悲叹。无人看见你的忧伤，无人读懂你的心酸。你总被无情地打入那萧萧的寒夜，独自哭泣，舐平血染的伤。

在一个漆黑的夜里，你屹立在人生的海岸线上。你似乎看到了一道曙光，你执着地相信，总有一天，你能跃过波澜壮阔的大海，达到人生的彼岸！你习惯了漂泊，却不甘于这样风雨飘摇一生，你用倾城的痴心，追赶浪花的脚步。

从风雨潇潇到星月迢迢，你跋山涉水，一路把风光尽收眼底。你学会了坚强，学会了孤独。你不愿随波逐流，你的痴心敲响晨钟，朝霞映现。

没有人问你来自何方，又去往何处，你脚步匆匆，颠簸激流。没有人能理解你，选择了流浪，也选择了孤独，陪伴你的只有长长的陌路。你痴心上路，望着沿途的风景，踏上了漫漫的征途。你不知道，你的驿站到底在何处？你的理想和壮志，就是你梦里的阡陌？无人能明白，你心灵的孤独；无人能懂得，你无声的呐喊；无人能理解，你撕心裂肺的无助。

你似一叶小舟，独自流浪，多少迷茫，多少无奈，多少挣扎……
一眼回望，仿佛一瞬间，经年的时光，细数着流年……

初心

较之去年，今年的冬天是切切实实地感觉到冷了许多。

雪渐渐地融化了，阳光也明媚了。只是，厚厚的棉衣把自己包裹得太严实，好似心还躲在冬季的深处蛰伏……

看着日历，立春的日子已近，栖息在冬日的心，也慢慢地苏醒了。季节轮回，由春到夏，由夏至秋，由秋至冬，一年又一年。光阴如流水，染了一季季的心事，在几许回忆的往事中，寻寻觅觅，来回往复，还原了初心，多了几分味道。

初心，盛满了美好与希冀。

初心，是永远也编织不完的七彩梦想，如莲，在一泓清水里，亭亭而出……

心如当初，一直没有忘记，在那个严寒的冬日，写下的日记。一段路，走着走着，也许会疲倦，也许会彷徨，也许会茫然……

春光能有多少日，时光在不知不觉中远去了。

我们常常在路途的驿站中，停滞不前，如搁浅的一叶扁舟，偏离航道。风蚀岁月，终将那些花儿，凋零得七零八落……

心如初，一切却不是自己想象的样子。

我在斑驳的记忆里，跨过一道道岁月的门槛，拂去尘世的风霜，打开一扇心窗。岁月的留白处，还有多少遗憾，需要去勾勒、描绘、弥补……

窗外，飘着朦胧的雨

窗外，飘着朦胧的细雨，落在，那岁月的门槛上。那些潋滟在心上的往事，总是在不经意间飘上心头，你婷婷袅袅地向我走来，缓缓浮现。

那段往事，在心里独守一隅，滞留着。你的笑容、你的姿态、你的点滴往事，在心里静静地随意而放，明媚了一天又一天。

窗外雨丝婆娑，淅淅沥沥，像是你的碎语轻绕在耳畔。这雨，与情感相拥，在烟雨缥缈中游走，随清风悠悠。

虽然，你是我匆匆一遇的过客，可你留给我的却是心中永远的念想，就像这窗外朦胧的细雨，飘飘洒洒弥漫。那不期而至的温馨，在记忆深处踏过我们曾走过的林荫小道，追逐着岁月的痕迹。

岁月的书页翻然，心事散落，化作霏霏细雨，随风曼舞。这么多年，总想与你再一次不期而遇，看看你现在的模样……窗外下着的细雨，如我在光阴里对你的想念。我望着远方，默默地在心中为你祝福。在念你的回廊上，思绪默行，托起心里的悸动，让时光停滞在那一刻。

这细雨带着柔情，浸润在心里，落入长长的思念里，留下一片片的印迹。

朦胧的细雨，丝丝缕缕，飘洒在心里，婉转了一颗躁动不安的心灵。

春深处，那一缕春色

春已深，风吻着枝叶，于阳光里，将一场关于春天的故事打开。

是谁在不经意间，将春天的眉眼涂成了多彩的颜色，让我甘愿在山重水复的岁月里，将春天的美景，赏遍。

光阴醉了人，其实生命何尝不是如此，在最好的年龄，绽放属于自己的风景，在最美的年华里，释放属于自己的情怀。

在明媚的春光里，清风吹来，小草绿了，心也变得轻松了。

最好的风景在春天里，最好的风景也在心情里。

春天终于来了。

我知道这一切意味着什么，我要在尘世的屋檐下，用手掌托起寂寞的光阴。我要让生命的窗口，一直开着一盏属于自己的明灯。

生命就是一场旅行，在不同的季节里会遇见不同的风景。

也许这世上所有的遇见，都是一道独特的风景。

行走在春天里，心情，在清风中舒展。

清风徐徐拂过脸庞，唤醒了我对生命最初的期待，春雨洗去了这一路的风尘，温润了心灵。或许这世上没有永恒，那些美丽的瞬间，就是心中永远的风景。

如果这世间所有的遇见，都能在明媚的春光里，写意成诗，那将是多么美好。

春深处，那一缕春色，醉了我的心情。

春天，与你有约

春光潋滟，春韵婀娜。

走在田园的小路上，恋春雨，看春花，拂春草，享春风。这春光，是舞不完的风姿，是诉不尽的情怀。

春雨里滋生的绿色，媚了眸眼，喜了眉梢，美了心境，淡了寂寞，浓了情怀。

无论你是寂寞的、忧伤的，还是惆怅的，此时，只要抬眼看一眼这春色，你的心就会陶醉在这春光里。

风影留墨，春色流泻，徜徉在红尘陌上，流连在湖光之岸，有一瓣绿叶落入心湖。

坐拥春色，一场雨，潮湿了记忆；一颗心，翻起了涟漪。

在回眸的瞬间，你成了我眼眸里忘不掉的风景。

春雨落，春风起，我不想知道雨的泪是为谁而流，水的心是为谁而泛，我只想在这一刻尽情地感受这美好的春韵，将所有的悲伤，悄悄地掩起。

春之声，心之语

春，是美丽的使者，它为大地增添了美丽的色彩。迎着春风，徜徉在清新的世界里，复苏了一冬的沉寂。春光烂漫，醉了人。

春，孕育了新的生命，引领着我，走在春天的路上。

回眸，时光，冬去春又来。我依着阳光，将心扉装满绿意和希冀，描写春天的故事。

沐浴着三月的春光，只需一颗清简的心，就能赏阅到无数的美好，足下青青、清风悠然、泉水叮咚、鸟语花香……一幅春光画卷映入眼帘。

生活如一首美丽的诗，你若用心，就会发现其中的质感、其中的意蕴。

三月，这是谁的季节，这是谁的际遇？清风拂晓、青山绿水，美韵恣意流淌。

绿染了流年，悸动了心灵。关于生活，只想在心中，种植更多的希望。

风过处，春意盎然。

堤岸的杨柳，轻拂静水，奏响了春天的乐章。暖色的基调，在心眸中……

冬去春来看风华

清晨，我漫步于湖畔，倏地发现柳丝已把湖水染成淡绿。冬去春来，春风已渡万重山，也渡过了心岸。这浅绿的春色，时光里的溢彩，已被有心的湖水悄悄地收藏。

我沿着湖边，追寻春的脚步，岩石的缝隙中伸展出几株小草，星星点点，向路人展示着它们的青春风采。

春天是令人陶醉的，又是容易让人心生惆怅的。它是滋生梦想的季节，是美好的。有多少人知道，春天的美好是从三九严冬里脱胎而来的，是在凛冽的寒风中涅槃而出的？

很多人喜欢春天的绿树，却很少有人去关注冬天的树木和枯枝，正是因为它们，在凛冽的寒风中发出的声响，震惊了苍茫的原野，才叫醒了一个又一个沉寂的严冬；正是因为它们在与严寒的抗争中，抖落了身上的枯枝，经历了冬的坚守和付出，才有了春的新生。

生命只有在严酷的冬季才显得更有魅力。

当我看到自然界中，在窘迫困厄中抗争的树木时，我不止一次地审视自己，试图在它们身上找到属于自己的影子。

冬雪翩翩，静待生命

昨夜的一场雪，润了万物。清晨，推开窗，一束阳光洒了进来，看着屋檐上的雪一点点地消融，心里盈满了暖意。

有雪温润心灵，冬天也不觉寒冷。

一个转身的距离，一个季节就来了。

时令入了深冬，终是寂寒了，也清冷了。突然，心里有一丝莫名的伤感，想起一路走过的点点滴滴，几多过往云烟在眼前。

一直相信有一种力量，会随着时光的脚步融入生命。

风雨人生，曾经拥有的或失去的，都是对人生的一种最好回报。经历过，拥有过，把那份美好安放在心底就好。时光在不断地流转，我们也在不断地行走。

时光悠悠，韶华渐远，始终相信，只有纯净的心灵才能照进阳光。

那些曾经的过往，在岁月的脚步声中慢慢远去。那些痛和伤让自己慢慢地学会了坚强。

尘世原本很拥挤，要学会适时地调理自己、安慰自己，即便寂寞，也要活得洒脱。生活的奇妙之处，在于随时发现美好的存在。此时，阳光在雪的映衬下，显得格外明媚。

岁月不待人，一转眼，一个季节就过去了。我也曾留恋过去，也曾回味过去，时光一去不复返。

生活不乏清愁，岁月不少盈亏，树有繁枝叶茂，也有叶落枝稀。生活的美好，就在于接近生活，靠近生活。人生充满希望，才能看到晴朗的蓝天，光阴的静美！

懂得，是一种心中的温柔

一生，总有一些事，会定格在心间，纵然已过去多年，也不曾忘却。

走过白天的喧嚣，一个人独享静夜的时光，不惊不扰，不喜不忧，就那么静静地坐着。时光深处，那些云烟漂泊的过往，在心底。

恋上蒙蒙烟雨，恋上那些隐于记忆深处的情感。这缓缓而来的雨，让我的一腔期许，如了愿。

我将寂寂的念，洒落在雨中。

夜凉如水，到底是初冬了，屋内的空气也有了寒意。光阴的脉络，被淅淅沥沥的雨勾起。

时光无语，那些远去的光阴，在每一个无眠的夜里凝聚，借着忽明忽暗的灯光，一一浮现。

过去，留下了那么多不可磨灭的印记。

风雨人生，我们应该珍惜生命，不辜负岁月给予的情怀。

生命的田野里，会长出荒草，也会开出鲜花。

我铺开万千思绪，心里有了秋的静美、冬的洁白、春的明媚、夏的烂漫。这尘世的烟火袅袅，我们，苦也好，痛也罢，不过是一场云雨而已。人生，总要有一些磨炼和纠缠，那是一种经历，也是一种修行。

读冬，以深情

一场落雪，大地，走进了白雪倾城的童话世界。

褪去秋日斑斓的色彩，再没有哪一个季节，能以这样素简的色彩，演绎出如此不动声色的繁华，惊心动魄的美丽。

雪花轻盈地飘着，袅娜成一个静美的梦境。伸出手，看一朵朵雪花落在掌心，慢慢融化成一颗水滴，心也随之变得晶莹。或许，每一朵雪花的心里都蕴含着一个晶莹剔透的梦，就像每一个人的心中都幽居着一朵雪花，无论尘世如何变迁、岁月如何辗转，始终以纯美的姿态，安静地绽放在心里。

有人说冬是萧条的，其实不然，看——这翩翩起舞的精灵就是季节给予岁月最美的馈赠，一瓣一瓣的雪花，在深深浅浅的韵脚里，饱含着素白纯洁的眷念。若你读懂了冬，就会明白它背后的深情。

冬在我眼里，是一幅素淡的画，用笔简洁，却耐人寻味。

如果我们这样在雪中一直走下去，又有谁能拒绝雪的美好呢？

因为深深懂得生命中不会处处繁花似锦，所以，更愿做一个如雪花般心怀美好的人，用心珍惜每一个平淡琐碎的日子。

喜欢雪花，不染纤尘的洁白，那是属于灵魂原有的颜色。

走过的岁月，途经万千风景，能够在心底真正驻留的不是繁花似锦，恰恰是一些看似简单朴素的事物。

从长风浩荡的春日，到千山暮雪的寒冬。季节，完成了一场由喧嚣到沉静的完美蜕变。走过的每一寸光阴，经过的每一程风景，一一落座于岁月的素笺上。

如果说，秋天让我们领略了叶落归根的从容，冬天则让我们懂得了雪花纷飞的纯洁。人生路上，如果只有美好，再多的幸福也会让人觉得平淡乏味。暗影交织的年华里，恰是那些缺憾让我们不断地走向成熟和圆满。

读岁月

  周末的早晨，在沉静的时光里，合着秋韵的气息，沉浸在其中。

  如果给我一面镜子，我可以照见自己的心灵。或许每个人都曾经历过人生的苦难，而让自己安顿下来的一定是安然的精神。

  我们都是人世间的行者，时而孤独，时而欣喜。

  无论时光如何，无论生命如何，终究都需要一步步走过去。记忆中的往事，遗落在旧相册里。

  人生的烦恼来源于繁重的心灵负担。

  没有人对心事可以置若罔闻，只是我不愿意将自己沉浸在烦恼中。

  一缕清风拂过耳旁，在这寂静如水的夜里，卸下了一桩桩的心事。

  其实阳光从来没有远离我们，只是我们远离了阳光。人生经历悲伤和落魄后，终会在某一时刻找出最好的答案，那是来自尘埃落定后的心灵洗涤。

  今日，我想静静地写下一封书信，留给自己。我敞开心扉，写下深刻的记忆，将它保存起来，或许，很久以后的某一天，再翻出，心境会截然不同，生出更多的感慨。

芳华依旧，我心依然

思维如音符涌向自然。

自然的生态，拥有足够的意境及想象空间。

大自然的生活是一条曲折的长河，每个人都需要尝试其中的艰难，感受其中的辛酸，没有谁可以躲得过。

人生，会遇到不同的蜿蜒曲折的路。走过漫漫长路，越过岁月长河，认识了生活，了解了生活。生活原本是不完美的，它的另一半是残缺的。也许正因为有了这残缺的一半，才使我们对生活产生了向往，拥有了动力。

生命不会因为时针的静止，延缓生命的长度，无论如何一定要保留对生活的向往与期待，以平和的心态面向未来……

生活就是一本厚重的书，蕴含着深邃的知识，等待着你我去发觉、解答。你流过多少眼泪？经历过多少风雨？承受过多少磨难？人生的道路有多少崎岖？灵魂里是否产生了对生活的积怨？人生这本书，需要细心阅读，认真体会。

人生苦短，谁都无法留住过往，改变时间的运行。时光的画卷不停地挥别昨天，消失在光阴的彼岸，唯一不变的是一颗永恒的心。

风过经不起的似水流年

　　一个人的傍晚，寂寞袭来，思绪，忘情地落！

　　成长的落寞，一路的忧伤，所有关于这个城市的记忆，凌乱地编织。这个城市又开始了新一轮的季节更替。空气中残留着夏的味道，我不知道，我的青春是否依然还停留在夏的季节里。这个夏天，炙热而潮湿，压抑而沉闷。这个夏天，好像整个城市都弥漫着忧伤。我不知道从何时开始在心里埋下了忧伤的种子。

　　流离失所的青春，搁浅在这个城市里。

　　这个城市的路上，印记着我的青春。关于夏的味道弥散在城市的上空，我的青春沉浸在夏的余味里。

　　夏季的忧伤，不知何时流走。

　　在过去的岁月里，我为何总是染着生命的悲伤？

　　在一片冰冷的世界里，我无法抓住一颗温暖的心。

　　这个城市的夏天，城市的上空，乌云和忧伤一起弥漫。秋风，轻轻漫过，吹散了这个城市里的一季忧伤。

　　记忆里的夏天，青春伴随着忧伤一起成长。

　　凉爽的秋风，划过夜空，带走了我忧伤的青春。

风，微凉

初秋的风有些微凉……

其实，真正微凉的是心。

许多记忆，如枝叶，泛绿；许多往事，如蛛丝，缠绕。心仿佛被束缚。

突然觉得有些倦怠了，不再那么一味地执着了！

心不那么疼了，虽然偶尔地，心底还会有涟漪泛起！

不要把往事记忆都装进匆匆的行囊，增加负累。

"放下，皆自在！"

无论我们的生命遇见怎样的苦难、艰辛，都要勇敢地承担和面对。对于昨天的往事，我们要学会选择遗忘和放弃。

当你舍弃了那些让你悲伤的往事，你会发现，人生不仅仅只有单一的生活颜色。

我想当一个人能够舍得、放下的时候，他看到的必定会是柳暗花明的景色。

仿佛一瞬间，心已经走了很远……

回首来时的路，心潮澎湃，思绪万千。

时光匆匆，如水流。

生命里，我们有很多的东西，攥在手心，舍不得放下。其实，在你手掌紧握的瞬间，它已经如流沙一般从指缝间悄悄流逝，只是你没有发觉而已。

放开手，给自己一个新的空间，你会发现一个新的世界！

风雨人生，默然前行

人生，我们有相同的岁月，不同的人生经历。昨天就是今天的延续，今天就是你的明天。面对困难，我们唯有释放压力，换一种心情，才能重拾人生的勇气。

一个人静静地坐着，于曼舞的微风中轻嗅一丝清凉的气息，心胸顿感舒畅。一个人静静地坐着，于天籁的清鸣处撷取一缕梵音，心窗瞬间开朗；我静静地独守一隅，于流年的罅隙间捕捉一丝空灵，和自己进行一场心灵的对白，在寂静中安放自己。

人生路漫漫，有多少坎坷？谁都会有痛不能言、苦不能诉的凄苦经历。常常，红尘中的点点滴滴，尽皆凝聚在心中，像一个个舞动的精灵，随着自己的心境不停地旋转。

人生，必定会有劳累与奔波的折磨。唯有，尝尽心酸的磨难，方有登上成功舞台的可能。

走过沼泽，方知人生的艰辛；走过山间，才能感知生活的困苦，于是更加地珍惜光阴，热爱生命，欣然地接受一切的磨砺，默然地承受诸多的不平与无奈。不经历人生的跌宕起伏，怎么会知道生活的真理？不经历风雨笼罩的黑暗，怎会看到雨后彩虹的绚丽多彩？

人生，在挣扎中变得坚强。面对风雨人生，唯有默然前行，安静品味。

枫叶情怀

又是秋天，静静地漫步，秋凉，盈怀了心事，随片片落叶，千回百转，撒一地忧伤。

曾经，也是这样的季节；曾经，也是这样片片的枫红，我徜徉于枫林溪畔。

片片枫叶片片情，那枫叶，在我的深情中红了。

流年飞转，回首，青春于倏然间走过。一些曾经、一些过往，在不知不觉中，便已悄然走远。

时光憔悴了容颜，流水一去不复返。相思，赋流年。

如今，风过处，片片枫叶，伤别情。

这一生，会有多少忧伤？这世界上，不知有多少人和我一样，做着忧伤的梦？

有多少过去的时光，在心间，缠绕。

痴情于秋，不仅因为秋是收获的季节，更因为这秋色里有片片的枫叶红。

或许，这一生，所有的期待，都只是为了一句承诺；或许，这一世，所有的情愫，都只是为了一个希望。

从此，日子一段一段，每个段落都与你有关；从此，每个秋天，都会有愿望，穿过时空，静静落在我的心田。

一直相信，这世界上，有一种执着是可以深入骨髓的，无论走过多少岁月，依然会鲜亮如初。

轻数岁月留下的点点滴滴，不仅仅是那瓣瓣落红，更有值得珍藏的一季时光。

多少年之后，当所有的一切都沉淀在心灵深处时，有一种气息仍会在记忆中，触手可及。

岁月变迁，时光流转，谁能解释得清？谁又能参悟得透？过去，于无声处，淡了人生的沧桑，醉了流年……

感悟人生

今夜，不知为何，思绪纷乱，心神不宁，万千波澜在心间荡漾，汹涌澎湃。一颗躁动的心，犹如那窗外凌乱的雨一样，无论你怎么努力也无法平静。

每日穿行在喧嚣的红尘，极力用微笑来粉饰孤寂的灵魂，用坚毅来支撑疲累的身体，有谁能看到你微笑背后掩藏的忧伤？有谁能读懂你坚强之中掩盖的脆弱？浸入骨髓，唯有自知；苦不堪言，唯有自晓。你没有病倒，没有人知道你已不堪重负；你没有流泪，没有人知道你已接近崩溃；你没有流血，没有人知道你已痛苦不堪。最深切的感受，永远只有自己知晓。

人生，就是生活的漫长过程。每个人都想让自己的人生留下一道绚丽的光彩。也许最简单的人生，就是做最简单的自己。

有没有那么一首歌，听着听着就潮湿了眼眸？有没有那么一句话，品着品着就悸动了心弦？有没有那么一条路，走着走着就紊乱了步伐？有没有那么一段时光，望着望着就打乱了心绪？生活，没有人能对你的一切感同身受。

人生，避不开世事纷扰，免不了烦忧缠身，少不了艰辛困苦，人心的累也就无可避免。

深夜幽静，微风轻抚，一股清凉，抚平了眉间的忧思，驱走了白昼的燥热，稀释了心间的烦忧。一切的浮躁不安、所有的迷惘彷徨在柔柔的夜色下，随风消散。

孤独旖旎，绚丽绽放

忽然，我的世界充满了阳光，湖面泛起了层层的涟漪。

孤独不再有黑暗光临的感觉，不再有吞噬生命的痛苦，我燃起了生命之火，点亮了生命。

春天万物复苏，空旷的大地不再寂静，一片生机。

看着夜色阑珊、树影摇曳，恍然，明了——你从未走远，一直在心灵深处。

生命其实就是一趟旅行，每个人都在途中行走。

途中，有风和日丽，也有狂风暴雨。

匆匆的光阴中，有幽幽的阳光、缕缕的轻风、绵绵的细雨、青青的小草、静静的山水、浓浓的思念……令人留恋。

岁月，悄然而行！

离去的是风景，沉淀的才是人生。感谢风雨中的那些遇见，丰盈了我的生命！

匆匆间，又是一年，我在一缕春风里，把旧日子收起。

那个夜晚，星光灿烂，我依坐河畔，看河水静流，涌起些许感慨。

我知道，很多事情是无法忘怀的，但是你不可以无力自拔。

我们总是走在匆匆的时光里，痛苦着，也快乐着。在夜晚，无边的孤独，常常席卷而来。我也曾迷茫过，心疼过，挣扎过！突然，有一天，终于明白了。

唤你

风，轻轻地舞动着，吹动了零乱的思绪……

人生若梦，柳絮飞扬。

那些浸透在骨子里的忧伤泪水，流淌在心中。一分无奈，不知有多少疼痛；一滴泪珠，不知有多少伤心。

凝眸，将心事尘封在曾经的地方。

思念，默默细数着流年。我以脉脉的深情，触摸着红尘脉络，途径红尘过往。

也曾想遗忘生命里最深的忧伤，却总让一滴泪在不经意间就点燃了心中的惆怅。

凄冷的夜里，我一个人游荡，不知道该如何。

几度春秋，嫣然了谁？暮色苍茫的渡口、寂寞的路上，是谁的笑容、谁的叮咛一直在陪伴？

我独守着一座城，深恋着一个人，那座城里有我曾经最爱的世间风情。有一幅画是一生描不尽的，有一首歌是一生唱不完的。我静坐在流年的一角，聆听风的声音，低头，将一颗晶莹剔透的泪珠，揉进思想里，将一份刻骨的情感，绘成一幅水墨丹青。

你曾经说过的话，在一个个冰冷的季节里，温暖着我，紧贴在我的胸口，抵御着漫漫长夜的寒冷。在这无声的岁月里，我痴心未改，一直守着不悔的承诺，期待着红尘之中还有的惊喜之美。

回首往事，深情告白

在熙熙攘攘的人群里，我们仿佛都是流浪的游子，游走在市井一隅。我不知道怎样面对这世间的事情，找不到自己的归宿。回首，日子，在时光的驱使下，慢慢地展开。

漫漫的岁月、幽幽的时光，是谁的等候负了流年，谁的寻求失去了本真？我莫名地感触，伸出手梳理流年的脉络。

大千世界，谁是我未了的夙愿？谁是我今生最美的追求？携手季节漫步，每逢一处，无不感叹季节的神奇。

打开窗，探身远望，朦胧的细雨，洗去了笼罩在心中的尘埃，清爽了我的世界。恍然间觉得，这才是我所追求的至美境界。

人这一生总会遇到很多的事情。回眸岁月，清点年华，每一个人都有一段回忆写在时光深处的扉页上，当我们静心翻阅、独自回味时，总会有那么多欣慰、那么多美好，值得我们铭记。

时光，灵动了我的世界，让我沉浸于其中，久久地留恋。

回忆在岁月里

岁月的风，卷起历史的尘埃，细数着流年。

回忆，承载着远去的岁月，在某个不经意的瞬间，突然想起从前。我们失去了童年，失去了青春，失去了宝贵的时光。

岁月，无论是痛苦还是欢乐，再回首，总是别有一番滋味。

一切的过往都是生动的，透过往昔看人生，人生更美好，人生更明了。

那些以往的美丽与忧伤，那些逝去的青春与梦想，以一种不同寻常的形式保存在记忆里。我沉浸在深深的岁月里，逆流而上，去找寻生命的原乡。

岁月带给我们沧桑，赠予我们成长。那些疼痛、那些忧伤，成为我们难忘的回忆。

时光，见证着我们的过往；岁月，沉淀着我们的回忆。走过喧嚣的红尘，时光深处尽显静美。生命，因经历而变得美好。苦过，痛过，才是另一种人生。

有多少个季节，流落在街头；有多少个梦想，散落在风中。穿越万水千山，有多少回忆，惊扰了流年？日子过了一天又一天，一年又一年，总是免不了在回望时感叹。

如若生命可以重来，我宁愿回到最初的原点，沿着那些曾经深深浅浅的足迹，重拾那些遗失的青春美丽。

家

家，对于出门在外的人，有着深刻的韵味。

小时候，家是很让人讨厌的一个地方，因为那里有父母的管束。现在在外工作了，却想家了。

出门在外，工作的忙碌占去了太多属于自己的空间。当独自一人孤独失落时，才明白家在心里的位置是多么的重要。

很多时候，很多情感、很多思念，流淌在我们的身体中，只是我们在太多的忙碌与匆忙中忘记了。而当我们停下匆忙的步伐时，那份不经意的情感、那份挥之不去的乡愁便会油然而生。或许在此时你才会知道，原来，那个叫家的地方，竟会让自己如此想念。

夜晚，看着窗外渐渐远去的月色，内心莫名地多了一种难言的失落。偶然发现，父母增添了许多白发，不知不觉中，经年的风霜已浮现。

每次当自己转身离家时，心里总会莫名地有一种难言的酸楚。

想念家的感觉，想念家的温暖，想念那个包容自己的家，想念家的每一个角落。家，承载着太多的情感。那个地方永远都是那么简单，却住着我们生命中最重要的人；那个地方永远都是那样一成不变，留在我们内心的最深处。

"少小离家老大回"，不知道这句话写尽了多少离家在外之人的心酸。我们都需要离家在外，去经受外面的风雨，去面对外面的冷暖。出门在外，在家的时间越来越少了。或许我们只有去习惯这样的一种时光，也许只有当自己真的能肩负起生活的责任与压力时，才能真正体会到家的意义。

剪一段时光

辞别了炎热的夏季，又进入一个清凉的秋天，一切仿佛都在时间的安排下不紧不慢地进行着。无法阻挡季节轮替的脚步，一如无法改变那些逝去的时光一样，人生在它的驱使下，远去的又何止是时间？跟随它一起走远的还有我们的那些青春、我们的那些故事……

十月是一个收获的季节，可是偏偏增添了一丝凄凉的感觉。

站在这个熟悉的城市，还是和多年前来到这里一样，只是现在却有一种怅然若失的感觉，也许岁月在让我们失去的同时总是会赋予我们一些新的东西。

对于时间的改变，我不习惯用"时过境迁"这个词来形容，因为那样是在忽略了时光价值的同时，也否定了曾经。一座城、一群人，总有一些值得我们记忆的故事，也总有一些值得我们去回味的感悟，不管它们在我们的生命中占据多大的分量，经历了就难以遗忘。

在这里遇到了很多人，是他们让我懂得了许多。很想对陪伴自己走过这段旅程的朋友们说一声"感谢"，却一直没有开口。也许有些事情只适合放在心里，无须刻意地去说明什么。友谊有时就像埋在地里的种子，有一点阳光与雨露的滋润就会焕发出一片生机。

也许世间的所有相遇只是在见证下一次的离别。有时感觉人与人的相遇就像是流水，短暂的交汇之后终将各奔东西。也许这样的比喻太过悲凉，可是现实就是这样。

匆匆的流年已离我们渐行渐远，过去终究成了一段经历，我只想在熟悉的回忆里，找到那些遗失在岁月里的纯真和幸福……

将每一次挫折当作成长

拽着季节的衣角，在十月里，心绪沸腾，被往事打湿的记忆在心中。人生一旅，把握不住的是季节。

我抬头，看着前方的路，有一程光阴，有一缕思绪。

生命是一里程，所有的路过皆需要善待。其实，离开的是风景，留下的才是生活。

人生总是不会太圆满。

我们都在为自己的故事填词，时间终会告诉我们结果。在光阴的河岸，我只想守住最美的初心。

轻拾，光阴洒下的明媚，装点在衣襟上。以微笑从容的姿态缓行于陌上，于十月的秋风中，落款生命的画卷。

我固守一份美好，任岁月流转，与时光优雅。

流光，染指了情怀。

其实，每个人的心底都藏着一个梦。那是以蝴蝶的羽翼，幻化出的最美境界。我任由心事延展开来。

我们都是行于世间的旅客，踏千山寻万里，只不过是为了，找到遗失的那份希望。

细数光阴，所有的路，皆有荒芜的途径。

生命中的许多事情，沉重得不可言说，我任凌风的喟叹隐逝在苍茫的天空，放了从前，将每一次挫折，当作成长。

今夜，我醉了酒

日月更迭，光阴变换，我站在起风的窗前，看岁月往昔，独叹。

情怀已改，风物移。

岁月迁流，时光，无法挽留。心怀深思，追问？

静立于窗前，看万家灯火相映，思三千故事。

有一种情怀腐蚀着我的身心，孤独，寂寞围绕。

蚀骨的寂寞穿插了多少曲折，经年的往事，于风中。

静谧的夜晚，整合着思绪，如水的记忆，循灯影而徊。

今晚，月柔了夜，酒醉了我。日子，来来去去；故事，起起伏伏。凝眸，看世事变迁。

窗外，微凉的风吹来，所有的躁动、喧嚣被逐一清除，归于静寂。该来的已来，该去的也已去。

茫茫岁月辗转，滚滚红尘云烟。

今夜，光影折射，挥洒。

人生，若没有了热情，缺少了感动，会是怎样？

红尘多少梦，岁月多少事。有多少傲骨交给了岁月，有多少柔情散落于流年。我们每个人都在改变，唯一不同的就是心境。

深情托鸿寄，幽梦付时光。

夜至寂静，几多思，追云，心中旧影几度留。

经营你的心灵

当你用华丽时尚的服饰，把自己打扮得光彩照人的时候，可曾想到用心去修饰一下你的精神世界？因为你的心灵，决定着你的精神层次，影响着你的生命质量。

景色秀丽、风光旖旎的花园，徜徉其中，会让人赏心悦目，流连忘返。

平凡的外表下可能隐藏着一个富有的心灵。

闲暇时不妨走进书海，与文字相伴，感受不同的精神世界，丰富心灵。好的文字，有高贵儒雅的气质，光彩照人，引人入胜。

风景如画的书海，让人心情舒畅，开阔眼界，增长见识，给你的人生旅途增添美好的时光。

它能陶冶人的情操，净化人的心灵。让人沉浸于其中，如清凉的风儿，沁入心脾……

当你在疲惫不堪的时候，静静地走近它，会感觉，里面祥和宁静、清幽氤氲……

抛去尘世的喧嚣，远离人生的浮华，丰富生命的内涵，才能让人活得精彩，领略到生命的风光，绽放出不一样的生命色彩。

静悟生活

生活总是有很多烦恼纠缠。想要安然入睡，却难以入梦；想要平静度日，却风雨不止。

本以为每天的努力，能换来一个完美的结果，然而一切却是徒劳。

生活，按照自己的意志，向着自己的目标迈进，是那么难。也许，人生原本就是一个修炼自己、完善自己的过程。没有困苦，就不是生活吧？

人生的每一条路都有不同的风光。选择一种人生，就是选择一种风光。

生活，有苦也有乐。人生的根本，就是苦中作乐。

每个人的心灵深处，都有无法言说的苦闷，难以愈合的伤痛。那是只有自己能触及的世界。我们将自己最沉重的无奈与忧伤深藏在心里，苦与不苦，唯有自己知晓；痛与不痛，唯有自己明了。

孤独、困惑只能独自品味。

光阴易逝，其实逝去的岂止是光阴，还有那永不重复的过去。

是否应该将自己的人生，当作碧水，将所有的烦恼，沉蕴在湖底，不受任何的侵扰；是否不管狂风暴雨，还是巨浪翻滚，也只是在心中激起一些涟漪，惊扰不了我们的整个世界；是否，任凭生活如何沧桑，我们只静观蓝天……

静夜，忆孤独

寂寞的心，一如清冷的夜。时常一个人独守漫漫长夜，在暗夜里将思绪抛到旷野。

夜是安静的，心是孤独的。翻开尘封的岁月，触摸到岁月的痕迹。在生活的某一个角落，你的一切浸入我的心中。

相思，无言。

想你，在夜里，落在心上。

我静静地走，久久地凝望，在熟悉的一山一水中，将那清纯美丽的旧梦怀想。

雨，一点一点，一滴一滴，落在心上，想起。多少次，临窗站立，眺望。

我在你的身影中依恋彷徨。我的思念，串成一片涟漪。

为你思念，为你忧伤。心思随月光静静地抛洒，在茫茫的夜色里，依稀看到你的身影从我的眼中划过。你的身影在我的眼前晃动，慌乱了我的心情，也掀起了我心底的柔情。

我是枝头上，一只孤单的蝴蝶，默默地等待着你的到来。不知远方的你，是否也如我一般痴情地守候，期待着相逢的那一天。

心与心的距离就像星与星的距离，看似很近，却有着很远很远的距离。

一念，惊醒了尘封已久的忧伤？是不是美丽的梦总会蕴藏着美丽的忧伤。

渴望冬天里的一场雪

　　冬天静静地来了。冬天来的时候，那种期待下雪的心情也随之跟着来了。

　　没有雪的冬天是漫长、无聊的，少了一些冬的情趣。总有一个声音在期待，雪的到来。

　　在每个人的记忆里都会有那么一幕：早晨推开门，忽然发现雪白的世界，于是兴奋地说："下雪了！"

　　一场纷纷扬扬的大雪终于如约而至，鹅羽般漫天而降，翩翩姿态，美不胜收。

　　它飘落到树上、屋顶上、道路上……行人们匆匆的脚印中。纷纷扬扬的雪，洒遍每一个角落。

　　雪无声无息地下着，大地，成了雪白的世界。仿佛世界只剩下一种雪白的颜色，这样的世界是那么的美妙！我们在热烈地渴望一场大雪的时候，不就是渴望一个新的世界吗？

　　隔窗观雪，屋里屋外都是宁静的世界、圣洁的世界、和谐的世界。雪花漫天而舞，冰天雪地，刹那间，让我静立了。

　　其实，在我们每一个人的心中都会有那么一块圣洁的世界，寂静安谧。那么，期望下雪也就成了我们一种不变的愿望。

　　在一个深深的冬季，有那么一场雪，我们才知道在心灵深处是多么需要一场雪的滋润。那么，在每一个冬天，我们就会期待下一场雪。

落叶·黄昏

秋意微寒，凋零的枫叶，拍打着孱弱的灵魂。

我踏着似曾相识的路途，却没有熟悉的感觉。

岁月无声，年复一年地重复着昨日。

谁都会有心灵迷茫的时候，哀怨者则会在迷途中继续着自己的悲伤，就像那季节的秋风，摧下的落叶，无力地飘零。

我好奇地望着，枝上的沧桑，那是无法抿去的岁月痕迹。

秋日不再有夏日的狂热，它安静地见证着时光流经的过去。

寒风吹来了，冬天的脚步已经慢慢地走来。

阵阵风过，看着落叶的挣扎，我仿佛明白了。

我的内心再也无法平静，有戚戚的伤感。当枯黄的树叶开始它的斑驳岁月，舒缓地掉落时，有多少人还能记起它的昔日？

看着天边的夕阳，感受着从北方而来的秋风，我想应该留下点什么。慢慢地，我转过身，收起了心中的思绪，继续走我的路，多了一分不同的感慨。

梦里的风景在幸福彼岸

走过一路又一路的时光，梦幻的往日，有多少令人寻味的往事，悄悄地入了心。

冷秋的风又吹起了这一季的孤单，落叶在风中飘零成了寂寞袅绕的歌。有多少日子，一个人在沉寂中，默默地走？

如果生活可以单调，如果繁华中没有喧嚣，如果世俗中没有太多的纷扰，如果不被琐事纠缠……

我常常做梦，想起那些关于昨日的事情。

有时一个人安静地待着，在悄无声息的黑夜里不知所措。

红尘中，有那么多的事情，随风而来。

我不知道自己许下了多少愿望，但我一直知道，这些年以来，自己一直期待和寻找的是什么。

梦里的风景，就在彼岸！

我不顾一切地去回忆从前，有些许的事情值得回忆。

我的回忆，惊了梦。原来这一路走来的时光，满满的都是收获。

梦里的风景，于心中。我的梦在期望中如约而至。

曾经，终究没有什么可以代替，我将它深深地藏在心中！

那时的月光

月色清凉，如水的清辉洒在心头。抬头仰望明月，竟有一种恍如隔世的感觉。

那年的月光亦如今夜。

你的样子已朦胧，光阴弹指一挥间。月下的约定，在晚风中嘘唏。

月光下暗自神伤。这些年，我曾一度试图去忘记那段记忆中的月光，却怎么也难以忘记。这一生可能再也看不到那么美的月光了，再也不能拥有那么一个纯净似水的月色夜晚了。

那个月华似水的夜晚离我越来越远了，有着月光的晚上，总会让我若有所思，总会有一张曾经熟悉而又渐渐模糊的容颜浮现在脑海中。

摆脱不了的伤情，总是在午夜无人时发挥得淋漓尽致。

那时月还是今夜月，牵手望月的人却已难觅影踪。不知道今夜的月光是否也触动了你？也许你我都只是彼此生命中的过客，注定有那么一次美丽的邂逅，什么都不曾带走，什么也未曾留下，唯有淡淡的回忆。

月亮离我很近，你却离我很远。

悠悠岁月，不变的是月光。

今夜月光下的我，只想有着一种比月亮还温柔的心，尽情地去怀念那时的你。

邂逅一个人，记住一段光阴，留下一段回忆。时光无法掩饰那些曾经的伤痛。自从你的背影远去，再也没有你的消息。

月光如水，静静凝望。流浪的心绪，从远方悠悠的岁月里绕于指上。站在月下寂寞无助，风中的承诺，被月夜笼罩，却抓不住一地月光。

年少，莫负好时光

年少的梦在奔腾，我们如无家可归的流浪者。在这里，我们经历着太多的无奈。深夜，我们走在安静的街道上，摸索着回到自己的蜗居。独自一人生活，独自一人看着这座城市的灯火。

我们选择了坚持，守着那份不甘与初心。我们不记得自己默默流了多少眼泪。面对生活的困难，我们强颜欢笑，在安静的午夜，独自疗伤。

我们之所以选择漂泊，是因为心中的那份愿望，我们不想在未来的日子里留下遗憾，不想在未来的日子看到现在的样子。

前行的路上，或许总是伴随着孤独。没有人能读懂你心里的寂寥。我们默默地承受着生活的重负，艰难地挪动着脚步。也许明天的天空，依然是灰色的……路途的风景并不美。

在葱茏的日子里，一直相信那些努力向上的意志终会收获别样的精彩。有些时光终会成为另一种风景。

飘雪青春

我的春天，你在哪里？为何要将我抛弃？为何要离我远去？为何要不告而别？我的温暖，你在哪里？我不止一次地问自己。

雪，一直下个不停，下到我的心湖里。不再平静的心湖，波澜起伏。

漂泊了这么多年，看着纷纷扬扬的雪，有一种莫名的感触。

初春的天气还是有些冷。冬，即使你再疯狂，也挡不住春的脚步。大雪纷飞，如梨花盛开。

人生的冬季，历尽磨难，饱经风霜。

人生的青春，在苦难中，经历了无悔的冬天，因为经历了冬天，我的青春更加饱满；因为经历了冬天，我的生命更加坚强！

在雪中，我看到了一片生机。温暖的阳光，照耀着我，春天已经慢慢地走近了我！青春的年华里，必然有人生的冬季。在冬季中坚守，在冬季中耕耘，在冬季中努力等待，等待春天的明媚，等待春天的花开，等待春天的绿色，等待春天的鸟鸣，等待无限的春色！

其实，春天一直都在，只是我一味地沉迷在忧伤的渡口。

请感恩那些艰辛的日子，因为是它们让你体验了不一样的人生。

牵一人手，细水长流

人到了一定年龄，曾经轰轰烈烈的爱情思想，渐次隐退，内心，更渴望一种细水长流的情感。喜欢你的人，看重你的现在，想着你的未来。最好的爱，不一定山盟海誓，不一定刻骨铭心。

风尘仆仆，许多年，曾几何时，我们遗失了那颗纯澈的初心。一路风雨，心境多了一些沧桑。许多的想法，也许不能被人理解，然而，又有什么重要呢！只需有那么一个始终在乎你的人，温暖自己，足矣！

再浪漫的爱情，长久下去，也会变得平淡。只有那个适合你的人，才能让你的日子过得安怡、安心。冷暖相宜、有滋有味的生活气息，会让你感到幸福。幸福是一种内心的快乐、灵魂的安如。幸福是一份深切的感知、拥有的满足。

人这一生，总会爱上那么一个人，她可能并没有多么好，但是，她懂你就足够了。倘若，爱是一种喜欢的坚持，那么爱了就要坚守。

人生路上，相逢太多的人。有的人，只适合挽手走一段路；有的人，却适合一辈子相伴。

我们的生活，不一定要有远大的梦想，有那么几个小而简单的愿望，且能一一实现，就很好了。素衣淡茶的朴素生活，也是一种低调的奢华。

爱是一切的付出，心甘情愿。用优雅的心相待，用宽容的心相交。辽阔的生命天空，总有一朵云，为你停留。慢慢地习惯了她，渐渐地，学会了相互理解。

　　此生，看过一程程曼妙风景，经历一次次山水跋涉，能与一个彼此深爱的人，相守岁月，就是一种人生的完满了！

浅夏

踩着五月的流光，信步漫游，时光无语，一切都一如既往，那些被光阴湮灭的云水过往，被岁月封印在心中。

光阴，千回百转，我站立在红尘的路口，看岁月。

流年似水，我知道，许多时候，想一件事情，不需要任何理由。

浅夏，在阳光下，将经年的心事慢慢地晾晒，寻着流年的经络，与岁月共勉。剪一段流水的光阴，看走过的岁月，那一场清澈的遇见在苍老的流年里。

人生的经历云卷云舒。

行经人间陌上，历尽风雨，变了岁月的模样。

独享着一个人的清宁，守着一份情，看日月流转，时光掠影。

浅夏，一片片葱茏的绿叶愈加茂盛，逐渐淹没了曾经的姹紫嫣红，春光已逐渐褪尽。看着，一枚枚青绿的果实挂在枝头上，不由得让人心生欢喜。花朵的盛开不仅仅是为了美丽，而是为了结出更多的果实。

浅夏，有雨来访。轻倚轩窗，临窗听雨，在流年的扉页里写下一季的心声。

青春

一个人走走停停，看着路边的风景，沉浸在春天里。记忆深处，留下最美的风景。在这些风景里，我们陶醉在其中。那一年，那一天，我们拥有最美的回忆。

青春里那些最美的风景，在我们的脑海里一遍遍地浮现。回忆，让我们一次次地感叹。年轻，是人生的春天，是人生的希望，散发着春天的气息。青春，让我们的生活丰富多彩，生机盎然。

青春，是一次精彩的旅行，我们走入春天，迎着春风，沐浴春光。生机勃勃的春天，姹紫嫣红的春天，万物复苏的春天，是一幅最美的画卷。

青春，是一首动听的歌曲。在青春里，我们唱着与春天一样美丽的歌曲，将梦想延伸。青春的旋律荡漾在心中。

青春如流水，一去不复返。当我们还沉浸在青春的梦里时，殊不知青春已悄悄地离我们远去；当我们意识到青春的风景已经走远，才意识到人生中最美的风景是青春；青春里，跌宕起伏的人生，是最值得我们珍惜的。

我们在时光深处怀念青春的美好。那些曾经熟悉的青春画面虽然已渐渐走远，但那些美丽的青春音符依然还在我们心底萦绕，那些青春的故事，还在我们的灵魂深处留存。

我相信，青春中的那些人与事，都与我们的生命息息相关。

青春是人生的一段宝贵的财富，是人生的一段美丽风景。

我们怀着热情，创造属于自己的未来。

我们，从青春的梦中醒来，寻找属于自己的幸福时光。

轻触时光

五月的风儿，暖暖地拂过脸颊，走过春日，站在五月的时空隧道中，感觉时光竟然这般匆匆。

行走在铺满阳光的小径，心思如露珠般晶莹。时光，留不住昨天，停不在初见。在这时光的呢喃中，你是否眉眼轻盈，双手紧握这五月的时光。

轻触时光，一些念，若雨，滴落心间；一些梦，若云，时隐时现。时光，是指尖的流沙。凝眸，清颜已凝霜。被风蚀的岁月，婉约成旧日的时光。依廊远望，缱绻着这五月的时光。也许："心中有岸，才会有渡口。"那么，既然这样，不如把这五月的时光，剪成一集又一集的故事，装帧成一册又一册的画卷。也许，时光依旧，它只是远了曾经。

世界再大，大不过一颗心，路走得再远，远不过一个梦。我走在路上，将生命点缀得香花弥漫，生活理应如此这般的美好。

有梦才有快乐，有梦才有未来，有梦才有我们真正的生活。梦想的力量，一直支撑着、陪伴着我成长。

"人的生命，似洪水奔流，不遇礁石，难以激起美丽的浪花""山重水复疑无路，柳暗花明又一村"。完善自我，超越自我，让平凡的我们不再平凡。苦留给自己，笑留给别人，这就是所谓的人生。

"人不是因为美丽而可爱，而是因为可爱才美丽。"时光悠扬，回眸，淡然往事已成风。

五月旖旎的风儿轻描淡写着云影，也许，生命的美，就在于此。

秋情

九月，天气逐渐转凉，看着落叶，飘零，心里总有一丝涟漪涌动，总有一些惆怅袭来。心染清秋在这个季节。

多少的忧伤，多少的物是人非，飘落在秋叶中。秋韵润了心，犹如一幅浓淡相宜的画，令人回味。

每天，我们都在奔走着，美丽的、萧瑟的风景一一从眼前经过。那些远去的风景承载了多少不能忘却的回忆。

有多少痛苦，荡漾在时光的河流中？

人生如流云，生命如流水。独坐，静思。或许，一切都没有改变，山还是那座山，河还是那条河，改变的只是人的心境。我们留不住岁月，回不到当初。

心在清秋，曾经，再也回不去了，只愿携一份清心，感受这秋独有的美。

人生，总有一些烦忧，总有一些割舍不下的情感留在心中。踏遍万水千山，尝遍苦辣酸甜，最难得的是放下包袱的那一刻。

几场秋雨过后，秋，终是还原了它的本色，凉凉的，带着些许况味。在这样的季节里，只想多一些清静，少一些纷扰。曾经多愁善感的心，历经岁月的打磨已改变了模样。

秋深处，道声"珍重"

渐寒的秋季里，正在上演一场盛大的离别。

一片片的黄叶如蝶，翩翩从枝头飘落。托一片黄叶于掌心，细细端详它的脉络，纵横交错的纹理间，写着时光的百转千回，写着生命对岁月的不舍与眷恋。

光阴就是这样一路奔走，一路放着不同的旋律，诠释着时光的岁月。

季节，静静地来，轻轻地去，装点着途经的阡陌。

回眸，那些流年的光影早已碎成一地的斑驳。

慢慢地懂得了，岁月，就是一场渐行渐远的离别。生命的历程里，有太多的得与失。

烟云易逝，韶华易改，多少故事，蓦然回首，只剩下物是人非。

岁月，是一条长河，无论是逆流而上，还是顺流而下，都需要保持一颗淡然的心，坦然地面对。

生命的旅程中总有一些风景要独自欣赏，总有一些落寞要独自承受。

岁月不会总是按照你想象的方式行走，它总会给你一些苦难、一些挫折。如果你能用一颗沉静的心，坚强地走过每一个风起雨落的日子，那些难挨的时光就会成为一束明亮的光，照耀你前行的路。

岁月将光阴的故事不断地更新，不断地更改，不断地拉长，时光在自己的脚下延伸……

秋意阑珊，等你在时光深处

秋，迈着温柔的脚步，款款而来。走在秋雨中，能感觉到清凉的气息。

秋雨绵绵，秋情缱绻。爱你，我化作秋雨，点点。

相约在秋日，听秋风呢喃，秋雨嘀嗒。

秋雨打湿了我的心，等你，在秋意阑珊里。一份期许，锁在一份爱恋里。

你从秋雨中缓缓走来，惊艳了我的世界。

我遇见了美丽的你。你如秋天的茉莉，散发着醉人的芬芳。

你的光彩，温柔了秋天，烂漫了秋日。

秋天，因你的微微一笑，更加妩媚动人；因你的一眼回眸，更加绚丽夺目。你，散发着幽幽的馨香，如美丽的秋光。

我们相遇在美好的秋雨里，我们携手在柔软的秋风里。

喜欢与你，一起牵手，走在秋天里的小径上；喜欢，你明媚的笑容；喜欢，你舞动身躯的样子……

爱上雨中的你，爱上温柔如水的你，爱上秋天里翩翩而来的你。你是我心中美丽的风景，你是我难舍的风情。我在秋雨中，终于等到了你。从此，我的世界有了最靓丽的景色。

是你丰盈了我的生命，温暖了我的灵魂。

让心情行走在晴空下

阳光晴好的日子，天空湛蓝，白云飘逸。极目远望，连绵起伏的山峦，鳞次栉比的房屋，枯瘦凌乱的树木，尽收眼底。它们都沐浴在阳光下，安然地享受着来源于冬天的一缕温暖。

人是离不开阳光的，有阳光的日子心情是敞亮的、愉悦的。每当看到流泻到房屋、树梢上的那一片片阳光，仿佛就看到了缀在岁月枝头上的点点希望，瞬间便拂去了萦绕心头的伤感。

仿佛，总要等到冬天才懂得阳光的美好和珍贵。在其他季节从来没有觉得阳光如此的亲切，如此的珍贵。

事情似乎总是这样，拥有的时候不懂得珍惜。人常常会将今天做不完的事，拖到明天；明天做不完的事拖到后天……就这样，一天天地浪费了时光，蹉跎了年华。

很多时候，我们左右不了自己。心情犹如天气一样，阴晴不定。

莫让，凌乱的思绪，淋湿了心情。

踮起脚尖，离太阳会更近一点。岁月静好，只因为内心有美丽的阳光。疾风、骤雨，除了坦然乐观地接受，别无选择。微笑着迎来每一个日出，送走每一个日落，这就是生活。

人生旅途，既然我们都是旅客，就该携一颗从容淡泊的心，笑看风尘起落。

人生当清醒

人生是一首诗，也是一阕词，唯有读懂才有真正的生活，唯有领悟才有真正的意义。

人生的路上，难免有风雨来袭，挺住了，你就能迎来，风和日丽的时光；看开了，你就能拥抱，季节芳菲的日子；放下了，你就能守望，旖旎云水的气象。

也许走进孤独，我们方能体会到安静处的绝妙；也许走进黑夜，我们方能感受到阑珊处的美好。人生有梦，才能行走于大地间。我揣着心里的镜子，弹着心中的旋律，欣赏一路的风景。

生命不是让我们辜负的，时间不是让我们虚度的。当你选择远航，也许你就能领略到大海的广阔；当你选择飞翔，也许你就能感受到蓝天的浩瀚；当你选择坚强，也许你就能演绎出非凡的人生。

山高，才令人向往；水韵，才令人流连；人美，才令人欣赏。最美的风景其实不是在路上，而是在我们心中。

人生是一首岁月的歌

人生，是一首岁月的歌。回首苍老的岁月，不必叹息逝去的时光。岁月虽然无情，但是我们可以延伸生命，增加生命的长度。

日子一天天地翻过，一天天地流走，生命没有太多的光阴可以让我们徘徊。在迷茫之中绝不能忘记初心与向往。无论怎样，也不能停止生命的旅程。即使没有阳光，也要昂首挺胸，阔步前行，用自己的生命踏出精彩的人生。

时光荏苒，流年匆匆。生命在时光的流水中日渐苍老。我在夜静阑珊之时，于月光中润色前行。日子被时光冲刷得暗淡，从容与大度也许才是生命最好的依托。人可以清贫，可以衣衫褴褛，但绝不能没有高远的心境。即使没有人能理解我们的初心，也不要气馁叹息。

生命，就是在日复一日的奔波中，在年复一年的回望中，在坎坷挫折的道路上历练的过程。生命的旅途会有怎样的风景，让我们驻足、停留？其实，最美的不是风景，而是心境。

所有生命经历的岁月都是时光酿成的一坛美酒，如果生命之树常青，怎么会伤感于秋天的凋零、冬天的萧瑟呢？经历了寂寞孤单，再漫长的道路也会走得安定而从容。生命，和着人生的苦乐年华。远山如黛，如诗如画，浸染了多少情感。

在滚滚红尘中，我要穿越冗长的黑暗，寻获遗失的岁月。

人生烟雨梦

曾对美好事物抱有丝丝的期许，希望与现实背离。

感叹世事，思绪的风撩起一缕绵长的思念，让尘封的情感渐渐复苏，再也不想把那份情感遗失在匆匆的岁月里。

循着依稀的印迹，追往昔，顿时心事满怀，也许过往只适合于怀念而不适于深深的铭记。

我把隐约的思念存放在那一季的烟雨里。忆及那份被雨水渲染的情，任我如何努力也无从将其抖落。

犹记那年，我卸下尘世的一身疲惫，独自一人于深邃而又寂寥的雨巷中，远离了是非纷繁，避开了凡尘喧嚣的日子。心在那时得到了一次彻底的洗礼。也许那个不染尘埃的世界才是自己一直寻觅的心灵一隅，才是自己曾在心里呼喊千万遍的地方。

悠深的雨巷，我只愿站立在这里，感受一下这雨中的情。许久，我才怀着一丝不舍与不愿的情绪离开了那里。就在那一刻，我沉浸在淅沥的烟雨里，顾盼着眼前空蒙的烟雨，留下了一声绵长亘古的叹息。

叹尘世，几多不舍几回眸。我只愿醉于曾经熟识的小巷烟雨里。

一生烟雨梦几回，夜阑闻听小巷雨。我的念，淋湿在了一片深情的烟雨里。

任岁月变迁，我心不惊

生活可以复杂，也可以简单，它取决于我们的心态。岁月的变迁有着累累的伤痕。

人生没有毫无意义的经历，挫折让我们学会了坚强。

美丽的风景，需要善于发现的眼睛。阳光之所以明媚，是因为有蓝天。

人生，总有许多坎坷要跨越；岁月，总有许多遗憾要弥补；生命，总有许多迷茫要释怀。

一直觉得，人生就是一粒萌芽的种子。你投入的每一分努力，都会在未来的某一天，回馈于你。成功没有捷径，时间会证明一切。

一杯水的价值，在于它有了味道。

坚持，不是为了感动谁，而是证明给自己看。坚持，是一种心态、一种精神。一点一滴地积累，你会发现，积少成多的意义。

人在困顿的时候，总有人看不起你。一样的眼睛，不一样的看法；一样的心，不一样的想法。大多数人看到的只是你的现在，而不是你的未来。他们艳羡的只是你的成功，而不是你的艰辛过程。

下雨的时候要学会为自己撑一把伞。生活在于坚持。

生活的本质

岁月里有很多东西值得留恋，总有一些时光会散落在岁月里——记起。

我走在人生的路上，一次次地汲取生活的元素，补充欠缺的能量。每个人都在生活的路上，不断地奔波，不断地选择。

生活的颜色是多彩的。生活，需要自己一笔一笔地描绘出来。随着年龄的增长，你是不是有了新的生活、新的发现？随着时间的延伸，你是不是觉得沉淀下来的事物越来越厚重？厚待生活，是人生最好的担当。

多少年来，我一直迎着阳光，不懈地前行。无论你经历了什么、错过了什么，请相信，付出了，一定会有更好的生活在等待着你。未来需要你去发现、开垦，所以，我们不用担心，失败或者受伤，要勇敢地去做。生命的本质就是生活，即使困难重重，也要挺起胸膛。抬起头来，才会看到明媚的阳光。

曾经多少人以为不可能的事情，在坚持中变成了可能。坚持理想地活着，保持良好的习惯，做一份自己喜欢的事情，一直是我的愿望。不懒惰，不放弃，不找借口，一直坚持下去，就会结出累累的果实。

我们的内心充满了阳光，就是最好的生活、最好的人生。

生命的本色

连日来阴雨绵绵，一颗善感的心满是落寂。

静坐在红尘一隅，回忆泛起在烟雨朦胧里，带着凄凄的凉。总有一抹记忆让人心痛，总有一处风景让人留恋。

清寒的季节，丝丝凉意入心，那些点点滴滴的烟尘往事，在低头的刹那间涌起。

曾经走过的岁月，或许已经不再重要，重要的是经历过、执着过，却一直疼惜着。那些给予自己的美好与伤感、怀念与留恋，或许在经年之后，总会在某个时刻，泛起涟漪片片。

岁月恍然，总会稍纵即逝。即使青春不在，唯愿依然如初。依偎着夜色，眼里隐隐藏着一道光影。也许生命就是一场等待的过程，等待枝头的那一片翠绿。

尘世中，或许我只是一株默默无闻的小草。

不管生命如何，活着就要珍惜这日升日落、熙攘纷繁的生活。

岁月静静地流淌。经历了岁月的春秋，我于孤独中守护着自己，于静默中悄悄地绽放出一朵属于自己的心花。

有一段往事，蝶恋着春天。有一种情怀，滋养着我的世界。

岁月滑过的时光，明艳了年华。光阴匆匆不待人，潇潇洒洒地活出自己生命的本色，温暖的阳光就会如约而来。

生命里的遇见

凝视着广袤无垠的天空，心灵深处装满了夜的故事。

夜，宛若一幅带着诗意的画卷，铺展开来。不知道从何时起，喜欢独处，喜欢一个人坐着，对着夜色，即使有无限的孤独，也深觉挺好。孤独何妨？不被打扰，也是一种美丽的享受。静坐的时光，总有往昔的故事，在心头回放，那些曾经的人和事，像是爬满心房的藤蔓，缠绕在心间。

怀念，是一种自我的回味。我看着脚下飘落的枫叶，等来了秋的消息，安抚了一颗孤独的灵魂。

夏悄然地远去。秋迈着优雅、婀娜多姿的步子来了。

生命中，有很多的相遇，有欣慰，也有伤感。总有一些人在你的生命里，留下一些痕迹。他的出现，也许是你成长的一部分。

一些相遇，让你的精神世界得到了最好的成长和成熟。

一人一世界，我坐在这深秋的凉风中，依旧能感受到夏的灿烂绚丽。在静美的秋夜，看尘世风雨，更加丰腴了内心的世界，让我的人生更觉臻美。

生命绽放，美景自来

岁月流转，季节翩跹，不知不觉间，时光轻盈的脚步，已步入夏的城池。轻轻的风，掠过流年的发梢，撩拨着夏的窗帘。

天很晴，心很静。

人生的美好源自对生命的珍爱。只有珍爱生命，才会拥有美好，拥有未来。否则，你的整个世界将是一片萧瑟，灰暗和苍凉。没有珍爱，就没有对生命的珍惜。

只有我们懂得了珍爱，我们才可以怀着美好的心情，在流年的风雨中，食红尘烟火，赏人间百态。我们深爱着生活，生活也会深爱着我们。

生命的力量是无穷的，珍爱若在，生命就会创造奇迹，幸福就会拥抱我们。

请让自己撑起一支长篙，让生命之舟航行吧！生命的意义蕴藏于奋斗的过程中。

如果我是一汪湖水，我愿意滋润一片土地；如果我是一缕阳光，我愿意照亮一片黑暗；如果我是一粒种子，我愿意长成一棵大树。

珍爱生命，可以唤回走失的灵魂，可以为人生点亮生命，为自己的心灵创造一个新的世界。

我们渴望美景常在，我们希望生命有意义，那我们还犹豫什么？还等待什么？那就从现在做起，从自我做起，从点滴做起，让生命之火燃烧、蔓延。

人生之旅，时光匆匆，似流沙悄悄流失，我们要懂得，珍爱生命对于人生的意义。

我希望湛蓝的天空一直有飘逸的云彩，静谧的天空永远有闪烁的星星，生命的旅途永远有清新的美景。

珍爱若在，纵然雨雾漫天，我们的眼眸里，照样有美景映现。

珍爱生命是一种懂得，是一份感悟。它随心而生，随心而动，随心而行。生命绽放，美景自来。

生命的笔，只有蘸上五彩的颜色，才会绘出人间最美的图画。

时光里的记忆

生命岁月的里程，从幼年到中年一路走来，留下了许多令人难忘的遗迹。我不停地在时光里，山一程水一程地探索，虽然，不一定每一程山水都明丽动人，但也过得充实，过得了无遗憾。路过的漫漫岁月，经过的种种往事，所有的一切，历经岁月的洗礼，终将成为岁月里的美好记忆。枕着秋风，我打开紧锁于心的记忆之门。

青春的容颜，曾经被岁月的风霜侵蚀得千疮百孔，于是，我深刻地理解了"一程风雨，一程山水"的意境。在生命这场悠长的奔赴里，我就这样一路颠簸着艰难前行，守着一颗清心，寄希望于前程的美好。

这一路行途，遥远而漫长，不知有多少揪心的事相随，我只能将这一切折叠在光阴里绕指叩心，默默地承受着一切的折磨。

沧海桑田，唯愿将生命绽放于明媚的光阴下。

时光变换，岁月流转，满山的枫叶红了，一缕轻盈清凉的秋风来了，悠悠的风让我的情人了流年。

世事无常，我心安然

倚窗而立，临风远眺，凝眸间，总有一些沧桑，滑过流年，浮光留影。

记忆深处，有那么多的过往，默默地，屹立于心中，难以抹去。人生注定有很多的磨难，需要我们去经历。也许痛过了，才更懂得幸福；失去了，才更懂得珍惜……

生活中，可以失去的东西很多，但唯有一颗阳光的心不可失去。

我喜欢在云淡风轻的日子里，背上行囊去远行。

在清幽的山间，可以让心宁静，忘却喧嚣的世界。给心灵一个释放的空间，快乐就会随心所欲地流淌。

绿水青山，溪水潺潺，抚谈心曲，安了神，醉了眼。喜欢这样的感觉，淡淡的，静静的，轻轻的……于安然里，温润了心情。

其实，不是没有伤，也不是没有痛，或许经历得多了，心，渐渐学会了坚强。把一切无法遗忘的，就交给时间去抛弃吧！把一切不能卸下的，就交给岁月去承担吧！我想让快乐多一些，忧伤少一些。

因为一直相信：明媚者，便是快乐的；快乐者，便是美好的。所以远离了烦恼的世界。

生命如歌，起伏跌宕，我们每个人都是歌者；浮华尘世，生活如茶，或浓或淡，或苦或甜，需要慢慢地用心去品味。记住该记住的，忘记该忘记的，也许，我们无法把握未来，但是我们可以左右现在。

　　世事无常，我心安然，也许人生需要的就是这种状态。

思念，在凄美的风月中徘徊

我将你深情守望，在凄美的风月中。夜，寂寞难耐，将我带入沉沉的梦中。想你的夜，没有尽头。孤独，蚀入骨髓；悲伤，在心湖荡漾。

黑夜里默默地伤心，黑夜里独自地彷徨。

夜，静谧无声。夜，空旷，黑暗。今夜的星空如此绚烂，今夜的月光如此明亮，今夜的灯火如此通明……

一个人的夜太漫长，漫长到让人感觉那是一个世纪的时光。没有你的陪伴，再耀眼的星星，看着也是如此的暗淡；再温柔的月亮，看着也是如此的清冷；再迷人的灯火，也没有光彩。

我一天天地活在你的故事里，活在你的情绪里，活在你的容颜里。想逃离对你执着的思念，可是怎么也忘不了；想将你隔离在我的生命之外，可是怎么也清除不了，你在我心中的位置不可动摇。

我曾经以为，年年月月，每日每时，你都会守在我的身旁，用最真的心、最真的情，温暖我。

你曾说，我是你生命的一部分……结果你却一声不吭地，悄悄地离开了我，让我深深地陷入了黑暗的悲痛之中。

思念依旧，夜未央

你是我的唯一，你是我今生最美的风景。

夜晚，你住进了我的心里，在我的心里舞动。你让我的心沉醉地，舍不得放下。

在这个繁星闪烁的深夜，那一闪一闪的星星，仿佛你的眼睛。你的双眼，透着善良，透着纯洁。此时，我看着繁星，仿佛看见了你。

初秋的风，轻轻地吹，如你一样温柔。你是否还记得那年的初秋，秋风柔柔地吹，吹起了你乌黑的秀发，我伸出手，摸着你的头，你看着我，微笑的场景。

你的微笑，如花一样灿烂美丽；你的样子，透着羞涩，透着女子特有的神韵；你那妩媚的姿态，在我的灵魂深处扎了根，让我难以忘记。

你是初秋里的一朵月季花，美艳绝伦，楚楚动人。

你温柔似水。自从，见到你的那一刻起，我就深深地爱上了你。

你是风儿，我就是沙。你可记得我送你的那朵玫瑰花？你可记得我们在星空下许下的诺言？

我对你的深情，你是否还知晓？我对你的守候，你是否能感觉到？此时的你，是否像我一样深深地牵挂着你……

岁月不老，生命依旧

时光的流逝，如缓缓的溪水。午后，我站在梧桐树下回味你远去的身影，你厚重的影子仿佛还在，这里因为你的停留成为一道风景。

五彩斑斓的光阴脉络，在低头徘徊间，奔涌而出。交织的过往，在尘烟中渐渐漫过眼眸，变得清晰。

光阴时而暗淡，时而又闪着光芒，岁月的洗礼让我明白了生活的真意，仿佛生命从未有过沧桑、苦痛和不堪。

我曾用最纯粹的心灵，支撑了生命的身体，以一颗红心，对峙岁月的冷冽。

历经纷纷扰扰的时光，我们都曾经失意过，困惑过，痛苦过。令人欣慰的是，我还有一派少年的模样，还有一颗源自心底不舍的初心！

我经历了一切磨难之后，为生命留下了不可磨灭的火焰。我慢慢地习惯了苦难，生命越来越坚硬了。生命不息，岁月永远不会老去！

极目远望，一颗红心风尘仆仆，穿透时空，跨越万水千山。

曾经留下的一个个誓言，像一件件绝美的事物，带着明媚的笑靥，伴我走了一程又一程！

岁月静好，何必自扰

昨日，谁人歌，春风得意？今日，谁人叹，昨夜东风去？浮浮沉沉，我们皆是光阴的过客。路过的风景中，留有生命的泼墨与写意；流年的烟火中，留有生命的温暖和感动。

你若用慧眼看世界，用禅意渡人生，生命的每一程都有天籁之音，每一天都有清幽之声。

"知者，心忧，不知者，何求？"

当你，心有向往，心怀感动，谁也阻挡不了。你与幸福牵手，与快乐同行。不管何时，无论何处，请记得给世界留一个潇洒的姿态，给生命留一段深情的告白。

何不放开束缚，让前程云淡风轻？何不卸下重负，让自己轻装前行？

裁一帛光阴，在生命的空白处用素笔填写幽幽的诗情，在命运的路途上跳出飘逸的舞姿。

大千世界，光怪陆离，你若懂得，生活怎忍将你抛弃，成功怎会舍你远去。

或许，我的路上会有云遮日，或许你的路上会有风起时，但不管怎样，都需用一支岁月的长篙撑开每一季的绚烂天空，用一支如风的长笛吹响每一程的悠扬乐曲。如此，我们才能以洒脱的姿态迎接一切，拥抱一切。

在悔恨里沉沦，万事成蹉跎；在困境中涅槃，万物皆风情。命运需要自己把握，生命需要自己主宰，我们千万不要苛责别人，为难自己，也不要高看别人，小瞧自己。

　　岁月静好，何必自扰？命运，不会因为我们的坐视而改变。"心若晴朗，怎会有雨天。"一片晴空，一程山水，就是生命中的最好风景。

岁月如歌，絮语呢喃

往事如烟，风过处，溢满心怀，点点滴滴绕指间。忆河里总有一些旧事，凝固了岁月，感染了光阴，也明媚了一季的花开。

在深情的红尘里，我与你美妙地相逢，相守在长廊里，聆听你呢喃的絮语，于是，孤独的岁月，有了心灵的归属。

在没有你的日子里，相思枫红。孤独的时光，我已慢慢习惯。在每一个思念你的夜晚，在醉人的音符里，将所有对你的思念化作恋恋晨曲。我路过的山水因你的相伴而丰盈。

不知道有多少次，在跌跌撞撞中，遍体鳞伤。待我回眸之时，才发现生活的原点，站着一个熟悉的你。是你温暖了我的心，让我邂逅了一生无法割舍的情。醉过，方知酒浓，爱过，才知情重。你炽热的情，让我拥有了绕指的温暖。

自从你走入我的生命，疲惫的行程，艰难的日子，不再有羁绊相随。未来，我愿在风雨之路，在平凡的生活中砥砺前行。我要让每一个日子充满诗意，在每一程的道路上留下风雨兼程的身影和铿锵的脚印。青春的芳华在岁月的韵律中，慢慢地延伸。在红霞漫天的傍晚，斑斓的色彩丰韵了历程。

岁月无恙，等你依旧

　　漫步小径，不曾想与你不期而遇。你轻盈的脚步在潇洒的叶落声中，蹁跹而至。那些曾经的葱茏绿叶，在岁月的抚摸之下变黄了。一叶知秋，往事随风，那些岁月的光景被深深地定格在日历中。柔和的秋风，退却了夏日的酷热与浮躁。明澈的夜空，浩渺深远，一卷心经，合着秋天的节拍，嗅着秋天的气息，将一季的生命果实挂在了枝头。

　　行进在秋天的道路上，凉风习习，感叹时光的流转。

　　又是一个飘雨的时节，一阵风带走了叶子，跌落在我的相思中，带着眷恋和不舍，是风不懂温柔，还是树不曾挽留？

　　今夜月明，秋浓情更浓。

　　在这个叶落纷飞的日子，每个夜阑人静的时候，总会想起曾经的你和我，任由淡淡的秋风起……

　　突然，我的脚步有些迟疑了。我好像，站在了岁月的渡口，你款款地向我走来。

岁月走过，用心聆听

我在茫茫人海里追逐，寻找所谓的归宿。

打捞一段青葱的时光，留下烟波，弥漫了岁月。

人生，孤独的时光总是特别长。到了一个年龄段，更喜欢把心事沉淀，拨开云雾，解读聆听岁月。

人生百味，莫过于简约地装点自己的这道风景，善待自己。这世间万物，最美之景来源于心灵。

碰到阴雨天气，就把阳光植在心里吧！你须用一抹最温柔的爱，将自己呵护稳妥。

在岁月风雨中，总会遇到季节的无常。

何不减掉负重，整装，沉淀自己的心思，静下来……

所有的困扰，皆因心而起，拿起，放下皆在一念之间。

粉饰一切的不是你的外貌，而是你人生路上的风景。

人生，需要将多余的繁枝剪掉。

一个了解自己的人，才能更好地驾驭生活。若想把一件事情做好，若想有所成就，必须学会和自己相处。

我要让生命的质朴回归，那样，我的心境才能真正地至简。

有些记忆，你必须删除；有些事情，你必须放下。生活，没有完美，不要抱怨，正是因为有了苦难，你的生活、你的心智，才会进一步发展。让心里装满阳光，眼中的世界才会明朗清晰！

往事念

　　一个人走了很久，才发现，原来已经习惯了那些曾经的拥有。

　　人生总有太多的无奈，很多时候，我们无法左右自己的心灵。

　　当我们努力想要隐藏一些事，掩埋一些记忆的时候，才发现，越是刻意地要忘记的，越是难以隐藏。

　　生命里，层层叠叠的一些事情，已经随着流年而来。

　　突然感觉，一颗强大的心，是如此的脆弱。

　　很多事情，我们是难以忘记的！

　　往事会随着光阴的流逝，呈现于时光的河流里。很多情感会沉淀，很多记忆也会深藏。

　　曾经，我莫名地固执，像个孩子一样地任性着……

　　深夜，一个人如幽灵一般，漫无目的地游走。一颗孤独的心，就这样在黑夜里徘徊……

　　在漆黑的夜里，我竟然不知道自己生活在怎样一种状态之下。

　　是不是一个人孤独太久了，就会沉浸在一种状态里，不能自拔？也许是很久没有释怀了，需要一个自由的空间放逐自我，宣泄自己的情绪。

我的初心还在

　　时间永远不会停歇，我们的步伐永远赶不上岁月的脚步。一转眼，我们已经不是天真可爱的孩童了。

　　今天的阳光在云雾中时隐时现。

　　我就像被束缚的蛹茧，找寻不到最初的自己。

　　我好累，倾盆大雨冲不掉我的疲惫。

　　不知什么时候，感觉自己像一片浮云，孤零零地没有依靠。夜寂静无声，心随着黑暗，坠入了无尽的深渊。

　　心在流血，我的所谓坚强，就是把泪水痛苦地咽到肚子里。

　　千万次跌倒，千万次爬起。不知从何时起，没有了痛苦。

　　今夜，我一定要做一个美梦。

　　我依然是一个孤单的人，我的一切依然如旧。

　　夜不能寐。我突然发现，原来灯火阑珊的夜是如此的美。这样的夜，不就是自己渴望的境界吗?

　　被充实的灵魂，萦绕着时空岁月的影子。原来，我的初心还在，一直没有改变。

我的心，还停在原地念你

走在沙滩上，坐在海浪旁，借着月光，将回忆拉长。轻扬的风，牵动着深种在内心的那份情感。我的心已系在过往的日历上。

每逢夏日，平静的心总会掀起阵阵波浪。我的耳畔突然浮起一种声音，诱惑着心灵，去回望旧日的时光。

我追寻着你远去的身影，站在曾经的路上看时光。

在我的整个青春年华里，在那段黑暗的光阴里，因为有你的陪伴，我摆脱了孤单的日子。是你，让我的小屋弥漫了温馨，叩开了我的心扉，让我步入了每一日晨光中，让我隐藏的忧伤有了一种释怀。你是那么的不寻常！

心思泛滥的夜，在淡淡的月光下，眼眸一不留神被月光刺伤，我再也无法固守眼泪漫出城墙。我只想，用你的温柔还我原来的模样。

又是一个季节的开始，不知为何丝丝的疼痛溢满了我的心。你给我的温暖已蜗居在我的灵魂深处。你缠绕在我心里，成了一株藤蔓。

我愿拾级而上

对于渐渐失去韶华的我们，天还是那片天，人还是那个人，时光却早已变了模样。明天对我们来说，是那么的遥远，曾经心中坚持的东西还剩多少，曾经失去的光阴又增添了多少，曾经憧憬的未来还有几许……

岁月无痕，流年无声，是把最美的时光给予岁月，还是浪费生命的年华？

我们，日复一日地重复着昨天，心渐渐地被侵蚀、吞没，以至于麻木。

欺骗自己的人，不是别人，而是你自己。人往往会被自己的眼睛所欺骗，看不到事物的本来面目。没有经历过痛苦地挣扎、努力地争取、坚持不懈的过程，怎么可能有丰硕的收获？也许你只看到了成功的结果，却没有看到过程的美丽。

生命或许有很多不同，但是道路很多是相同的，思想或许有很多不同，但是经历很多是相同的。我遥望天空，不是为了看天空有多蓝，而是希望在天空中，看到多彩的云朵，我欣赏风景，不是为了留恋风景有多美，而是希望在美景中，发现风景的奇妙。

生命即便艰难，我亦然愿意拾级而上。

握一份懂得

秋，包含着滚滚红尘，对过往的深深思念。

人的一生犹如一叶小舟，我们怀着期待和美好，走过一个又一个春秋。

人生往往有太多的看不开、太多的放不下，以至于让我们脆弱的身躯超重，伤痕累累。

生活中，没有谁可以将日子过得行云流水。我始终相信，走过烟雨的人，会更加生动。时间永远是个旁观者，所有的过程和结果，都需要我们自己去证明。

我怀着坚强的心，学会了孤单。

沧海一粟，只需拥有那一份宁静。

每个人来到世间，都是一场漂泊，时光的驿站，没有人可以停留。往事随风，静默深处，留有落日的余晖。

回味经年，划过指尖。

光阴流转，云起云落，有得也有失。

春去秋来，只需记得，我们来过，走过，欢笑过，或许就足够了。

人生，是一程生命的修行，我们每一天都在经历着，度过每一天。

生命需要一种淡淡的情怀，静静地念，静静地想，静静地望。

在茫茫人海中，憧憬着自己的生活，是令人神往的。

习惯了寂寞

也许我们每个人都是孤独的行者。

我们每一天都在重复着一成不变的生活，每一天都会遇到熟悉和不熟悉的人，没有谁知道，下一个转角处又会遇见谁。

越长大越孤单，越长大越寂寞，也许这就是一路成长的必然。

习惯了一个人沉默，习惯了一个人行走。

日子悄然地过，我掩饰着自己的情绪，等待那个最懂我的人，敞开我的心扉。

多么想，依着爱，默然相许，寂静陪伴。

多么想，你就在我的身边，用温柔的眼眸、温暖的胸怀，抚平我内心的寂寞。

爱不需要刻骨的誓言，只需要郑重的承诺。

爱一个人就应该以最好的方式付出。我爱你，你快乐就是我的心愿；我爱你，你幸福就是我的意志。为了你，我愿意忍受所有的折磨。

总以为自己可以生活得很洒脱，然而，每当夜深人静时，就会有一种隐隐的心痛。这般善感的思想总会在寂静的黑夜里任意流淌，弥漫整个身体。

不知从何时起，我学会了让心事安静，沉淀于生命中。

习惯了寂寞，习惯了沉默，习惯了一个人的日子。

相思夜

月夜秋风，萧萧落叶，飘零，念，犹记那一树葱茏。

时光安静地流淌，岁月不断地变迁。

生命的旅程，总会有些遗憾。

在春去秋来的时光里，季节变换了岁月的模样。

今夜我安静地走在熟悉的街角，想起你，轻轻地呼唤。

你的一切，在过去的时光里。

别离，是我们不喜欢的一个词，可是却常常出现在我们的生命里，让人刻骨铭心。有些东西，注定让人难以忘怀。

似水流年，思念，徘徊在青春里，一次次留下落寞的泪水。

时光里，总有一些记忆直抵人心，让人难以忘记。关于曾经，或许就是我们寻找的永恒。

时光是鲜明的，岁月是温婉的。

风轻轻地吹，心静静地开，多想与你一起看岁月，忆光阴。

相思的夜月一杯酒，卷起了红尘多少愁。

所有的过去，停留在时间的轮上。

我回望烟雨岁月，看红尘别离，聆听来自心灵的脉动。

掌心的秋叶又红了，如相思的情、刻骨的爱。

携一缕秋风念你

流年的光阴，如水，匆匆间，秋来了。秋微凉，念几许，有经年的印记。那些斑驳的往事，足足填满了整个秋。想你，在这个初秋的时节。

在秋的路口，隔着时光的距离，总想把逝去的光阴雕琢成我喜欢的模样，让那些美好在九月的天空里飞扬。秋天，总是有些凉，而心事却热了，寂静的风里，那颗想你的心，越过高山，飘向有你的地方。心随风而行，染上落叶的伤，遗落在秋风里。

秋日的午后，一缕阳光落在心上，将一水深情和思念轻轻地唤醒。顺着时间的脉络，幽幽的思绪慢慢游走，心，在此刻跳跃，仿佛什么都可以放下，什么都不再纠缠。远处飘来，缕缕清风，犹如你走来。

看着一枚枚叶子飘落，心事层层叠叠交织，一些思念、一些情怀，在秋里，在风里……

秋风吹动秋心，风为秋来，心为风动，在我的秋里，我把思念寄托于风中。

秋风轻抚着心，轻轻穿过午后的时光，穿过屋角的廊檐……在清秋中写意一段流年，飘洒在秋风里。

心境

　　平静的心扉，晕起一层层涟漪，在季节的转角处，驻足、回味、念起。时过经年，我依然贪恋，那恍若昨日的旧梦，仿佛那么近又那么远。所有的经历，都带着深刻的印痕。铭记那一刻，让回忆的光镜停留。

　　遥望依稀的时光，伫立在季节的路口，轻抚岁月的年轮，记忆斑斑。

　　有时候，走着走着就淡忘了许多的曾经，再回首，浅浅的忧伤划过，湿了回忆的心；有时候，想着想着就错过了一些风景，一目远方，隐隐的念，唤起沉睡的幽梦。

　　徒留叹息，不如做一个探索者，山水之间自有万千风景。

　　每一个人的背后，都曾有过不为人知的过去，你不曾经历，就不会懂得。因为曾经伤过痛过，所以才更加懂得。

　　有时候，觉得一生很长，长到怎么走也走不出层层的束缚。有时候，又会感慨人生短暂，短到来不及好好珍惜，就错过了一生。

　　其实，每个人骨子里都有一个孤独的灵魂，因为每个人都有自己独特的经历，别人是无法感同身受的。时光匆匆，每个人都是行者，都有着自己的光阴与梦想，人生岁月，每个人都有自己的使命。

　　有多少时刻，莫名地想起从前，忧伤蔓延。有多少时候，总有一些伤痛留存在心里。到底要有多坚强，才算不辜负自己？

　　岁月年轮，始终向前，风景一再变迁，回不到原点。我还是那个我，你还是那个你，而我们却不再是从前的我们。

心若美好，清风自来

人生不管处于什么样的境遇，都需要以美好的姿态生活。心若安然，清风自来。

也许你会失去生活的信心，心中布满阴云，看不清生活的道路。

美好的事物需要用心灵的眼睛去发现。世间有太多美好的事物，只是我们失去了发现美好的眼睛。一粒微小的种子，也许你看不到它的价值，人们往往会忽视微小的事物。任何事物都有其存在的意义，生命的意义就是让生命成长。

每一个人都会有喜怒哀愁，站在一个高的角度看待事物，就会放大自己的视野。青春的年华，没有磨难，就没有成长。

我们为什么忧伤？为什么惆怅？我们无法逃脱人生的困苦，唯有心存美好。只有心存美好，才会心存希望，才会用心去感悟人生。

人生只因曾经拥有过，只因那些过往深浅不一，想忘却难忘，才显得更有意义。

世间不会老去的是心灵，容颜终会苍老。我希望自己是美丽的阳光。不管生命如何，总有一个地方，会适合我们生长。也许你很渺小，渺小并不可怕，可怕的是，你没有一颗阳光的心，那么你的渺小注定让你成为一粒沙尘。

不管你是什么样的生活角色，再怎么渺小，也要做好自己，这样你才无愧于人生。

我们需要好好地珍惜现在，不要等失去了，才知道后悔，那么，一切都回不到最初，回不到原点，且行且珍惜。

心有花一朵，温暖岁月

我把最美的故事留给了风，寄给了云，用深情的雨凝成了雪，念读光阴。我徜徉在人生的走廊里，努力走出完美的弧线。

盛开在心底的笑容，宛若一朵烟花，装饰了都市的繁华。

时光更替，晕染了岁月，勾勒出一道道风景。曾经的记忆，那深深镶刻的烙印是一生抹不掉的心痛。

夕阳西下，对望黄昏，灯火次第点亮。

守着银色的月光，心情舒畅了许多。

悠悠吹来的风，暖了厚重的岁月。我站在延展的时光轴上，让心灵以最合适的姿态绽放。

铅华不染的旋律，在每个夜梦里响起。动荡的音符，诉说着起伏的人生。

泪滴在心中泛起朵朵波澜，在黎明的钟声中，敲除了斑驳的伤痕，新的一天重新开启。

风过无痕，掩盖着点点滴滴的心事。在一次又一次命运的捉弄后，不断从噩梦中惊醒。

我在红尘的故事里，编织美妙的梦，慰藉着受了伤的心。

幸福的意义

人生的旅途中，我们似乎每天都在追逐，都在忙碌，失去了太多属于自己的空间。匆匆的脚步，使我们忽略了沿途的风景，错失了很多美好的时光。生命，在日复一日的往返中，苍老而去。我们因此，折了青春，枯了容颜，少了些许的幸福。

这一生，我们要经历多少的坎坷、多少的磨难？在这漫长的路途中，又有多少的辛酸与艰苦？我常常在反问生活，也许你以为自己是不幸的，幸福已经远离了你。

其实，幸福就在我们身边，我们的现在就是幸福的。仔细想一想自己拥有的一切，可爱的孩子、体贴的爱人、慈祥的父母……你会发现，你拥有的幸福是那么多。

生活如一杯白开水，要懂得如何喝、何时喝，只有这样，才能喝出幸福，喝出快乐。

幸福的意义，很多时候在于你觉得幸福，你就幸福了！太多的幸福，就在我们身边，在我们的生活里，只是我们缺少发现的视角而已。其实每个人都是幸福的，幸福就在不远处的风景里等待着你。

幸福就是生活，生活就是幸福。健康地活着，生命在，快乐和幸福就在，所以能活着，就是一种幸福！

修植心境对尘世

　　一直想收获怡然的诗情，修补有点残缺的心境。一直想抒写心中的梦，将优美的语意植入其中。一直想用起伏的韵调，把长满荒草的心园修整。被粉饰过的梦，一次次经历着伤痛的裂变。

　　命运，三番五次地捉弄我。我无法摆脱尘世的纷争与喧嚣挣扎在滚滚红尘里。我满腹的希望一次次被残酷的现实粉碎。

　　或许，只有尝尽百味人生，才会明白世间的冷暖；或许，只有在萧瑟的风中才能品味出唯美的意境；或许，只有经历蜕变的过程，才有重生的开始。

　　有时候，书写一段文字好像只有自己能懂。

　　看着月光，我将心中漫溢的情感，默默念，深深藏，编织出一帘悠悠的梦。我用深情的笔墨记录时光，携一缕清风，对尘世。

许一段情，念一个人

纵使时光慷慨，恩赐我无限的好时光，如若没有你在我身旁，那么又有何意义可言？

默默地站在雨中，任凭雨滴滑落脸庞，悄然而落。情不知所起，一往而深；爱不知所许，一路牵绊。悄悄地将你的名字挂在心头，将一份关于你的记忆，深藏。

时光划过双眸，曾经斑驳的情缘，令人神往。

心总在某个时刻，触景而动。依靠在旧日的栏杆处不自觉地记起你的样子。

站在离别的街头，今日，我再一次回眸，在这个季节感受一下曾经的温暖，此刻我的心是火热的。

总喜欢走在老街的黄昏下，路过每一盏灯火，用脚丈量曾经走过的路。

回忆值得珍藏，但对于感情这件事儿，藏得越久也就痛得越深。总有些许人，惦念着久久不能忘记，而这些人中，唯独不乏你的影子。

忘不了，你一眼回眸的美丽；忘不了，与你相处时的谈笑；忘不了彼此无怨无悔的爱恋。最终还是忘不了，晨曦中你可爱的模样。

你终归是我挥之不去的记忆。看着被岁月风蚀留下的关于你的点点痕迹，感觉原来的一切都变了，都在不动声色中默默地变着，却总有那么一份情在历久弥新中，越久越深。

烟云红尘，泼墨人生

心事，凝于指尖，写满深深浅浅的独白，抵达心灵的彼岸。

一阵风引起心里的凉意，一幕一幕地呈现于眼前。

年华如沙在指隙间悄然流逝，点点滴滴地散落在尘世中。有多少看不透的世事，道不明的清愁，一生短暂，有多少遗憾的事留下？

滚滚红尘，漫漫人生，多少人渴望远离俗世纷扰，不染红尘烟云。今夜月明，洒下了一份惊心动魄的亮色。

是谁温暖了你的岁月？又是谁惊艳了你的时光？

有些事情是可以遗忘的，有些事情是可以珍藏的。曾经沧海，难为水，自叹。

静坐于夜，放逐了思绪，任风起云涌。心思越过万水千山，千昼百夜。冬去春来，情怀浮动，那些流年的记忆，在岁月里越发得葱茏了，我执笔，将其写在生命的扉页上。

时光静静地流淌，如潺潺的溪水。

我渲染了心事，散尽了伤感的思念，穿越了一个个季节的长廊。

夜雨

又是一年的清秋，在微风中如约而至。这几天，阴雨绵绵，烟雨蒙蒙，氤氲的雾气层层缭绕，若隐若无。

细雨飘然，秋韵浮现。

细雨掠过眉目，生出丝丝的念。

喜欢简单的生活，习惯了喧嚣之后的清宁。在时光的流转中，在最深的红尘中，再次与你相逢。

走在雨中，一阵阵凉风吹来，偶尔飘过一片片落叶。

此刻秋意正浓，那些岁月里的感伤，随风而来。

雨时而轻缓，时而急促地落在地上，使夜色多了几分色彩。

秋雨，打开了曾经纠结的心。轻柔的细雨洋洋洒洒。

我对这场秋雨有一份深深的感慨。雨水淋湿了，我的头发。在这个秋天，我的记忆定格在一瞬间。

心中默默记下了这一刻的雨。

夜雨潇潇，看秋韵。这绝美的景致，就是我对你最深的眷恋。

时光荏苒，改变了我们最初的模样。悄然老去的岁月，有多少风华不再，有多少天真不在。曾经挥之不去、萦绕不散的无奈与伤痛，在这个雨夜随风飘落。

一场秋雨一场寒

一场秋雨一场寒，置身于秋雨里，满眼都是雨的世界。冰凉的雨滴落，溅起朵朵水花，地面上的雨水，浅流，脚踩在地面上，不一会儿，就湿了鞋面。空气中，风夹裹着寒凉，让人们还未享受秋韵的风情，就被一场秋雨逼得煞了风景。

秋天的雨总是夹杂着寒凉，让冰冷的触觉深入骨髓。风在雨里穿行，把冰冷的感觉传递到每个人的身上。这无边无尽的雨，把一份好心情淋湿了。眼睛望着湿漉漉的街道和楼房，融入冰冷的气温里，心情低落了很多。天空是低沉的灰黑色，乌云笼罩，万物萧条，落叶纷飞，让秋的悲凉渗入人们的心中。于是，盼望一片暖阳的心情浓郁起来。

这场恼人的秋雨，一场接一场地下着，硬是把冬天的味道带入人间，让秋天的妩媚就那么消散在季节的流转里。

冷秋携着雨，让过往流年里的往事滚滚而来，翻滚成湖面上的波澜。心湖，没有了蛙的欢唱，没有了鱼的嬉戏，没有了蓝天白云的倒影，有的只是秋雨里的残荷，在风中无精打采地起伏。

一场秋雨一场寒，凝望寒凉的秋，思绪化作雨。

一滴泪，湿了谁的眼，痛了谁的心扉

岁月苍白了谁的年华？

荒唐了谁的人生？

人生，是谁画地为牢，总也走不出咫尺。

我徘徊在灯火阑珊处，留恋。

夜已深沉，今夜又无眠，心中那淡淡的忧伤再一次刺痛了我的灵魂。那不堪回首的往昔，那眼眸中不时流下的泪水，在这凄冷的夜里，让我又一次伤感。我喜欢黑夜的寂寞，黑夜的安静。因为只有在这个伸手不见五指的黑夜里，我的灵魂和泪水才会得到释放。

漫漫人生路，我一次次拷问自己。或许人生就是一个不断选择、不断面对的过程。

昨日犹在眼前。或许有一天，那些回忆会从我的记忆里，慢慢地淡化，但是我却不会忘记。

那一日，我是那么的憔悴？那一日，我是那么的苦不堪言？

把酒问晴天，谁能解我忧伤？谁能慰我心愁？一滴泪，滴入了谁的心，痛了谁的心？

为何这么苦又这么累？

流年里是谁辜负了付出？是谁苍白了等候？一滴泪滑落在月夜里，湿了我的眼。

一个人行走的日子

是否，你曾一个人独自彷徨。一次次，在汹涌的人潮中，找不到下一个路口。

是否，你曾在疲惫的生活中，以为将一腔热血挥洒至尽，就可以赢得属于自己的荣耀与辉煌。

是否，你也曾因为身上背负着太重的梦想，走着走着就累了，任凭怎么努力，都无法迈动一步。

一个人的日子，是需要精神力量来支撑的。

这一路的艰辛，无从倾诉。

你是不是也曾经历过迷茫和彷徨，不知道明天是何日？

或许，我们没有改变残酷的现实，只有我们走过轰轰烈烈的青春。

一个人行走的时光，或明媚，或悲伤，但无论是以何种形式存在，那些曾经一个人走过的路程，终将成为最美的风景。

一个人去尝试自己渴望的生活，虽然有些孤独，有时亦会感到力不从心，但人生何尝不是一种孤独？而这种孤独和无助又何尝不是一种成长？

一个人行走的日子，是时光跟自己的对话。他让你一步步读懂了内心，清楚了自己的追求，人生的路……这些，都是一个人行走告诉我们最宝贵的东西。

一个人行走的旅程，注定是孤独的，因为所有的风雨都是你一个人挡，所有的困难都是你一个人扛。

　　一个人，一个梦想，也许前面的路还很长，很远。每个人都有属于自己的风景。既然选择了一个人孤独地行走，就要义无反顾地前行。

一缕诉不尽的念

很多的时候，人生一个轻轻地转身，就会错过彼此。流年的风霜划伤了脸，伴随着一阵纠心的痛。

那些痴念、那些感伤，在某个路口，落定。寂寞转身，有多少事情值得你坚守，有多少事情值得你怀念？

那条街道，散落着遗失的美好，如今，只剩下一片寂凉。

人生若只如初见，那该多好！纵然时光老去，你在我心中的样子依旧未曾改变。

你是那么的熟悉，又是那么的陌生。

人总是会在某一段时间里，想起一个人、一件事。

芸芸众生，注定躲不开悲欢离合的人生轨迹，能够遇见你，应该是我此生最幸运的事情。

夜深了，整个街区笼罩在色彩斑斓的霓虹灯下，喧闹繁杂的尘世终于安静了。

感谢你在我的路途中，给了我温暖。一场春雨突然下了起来，终于明白，爱过的人，不一定能相伴。

一曲时光吟心上

我驻足观望，满眼都是秋的气息。

曾经年少，激情飞扬，而今年华匆匆而过，独自疗伤。

或许所有的忧伤在时光的变迁中，都会渐渐消失。

夜深人静的时候，一个人，从迷茫到清醒再到惊醒需要多长时间？

近几日，总是会在不知不觉中考虑太多，快乐时常被带走，留下惆怅如影子一样随形，我的脚步，不知如何。

心中有一种隐隐约约的疼痛。

秋风，带着一股寒意，侵蚀着心。

叶在旋转中落下会有多少不舍？

此时，这个秋比往年更加凉，让人更觉忧伤。

伸开手，甩去心中的忧伤，才知道有些冷了。

孤单久了，总会向往有人陪伴，而这个世上其实没有多少人会时刻注意你。有谁会在意你过得怎么样？

有时候总会想，关于未来的事情。可就在这样的秋，想得越美，在秋风里越觉得凉。

一叶枫红知几许

零零散散，几枚枫的红牵动了我的想象，在这个秋里，凝落于我的掌心。

这样的天，风，很柔；阳光，很暖。我守着阳光，吟秋语。回忆在飞，静静地飘于眼前。

幽思轻轻缓缓，在我的心里反复拨动。

秋，就这么深了；枫，就这么红了。从此，我便爱上了秋。

一叶秋枫，寄语几许？情思，风化了柔情，在我的静默不语里矗立。

望枫，在清秋里，在几缕风的清凉中。浓浓的思绪，勾勒出一幅又一幅的美丽画面。

一缕秋思，与枫红依，那一枚枚枫的红，染醉了双眼。我与深秋深情地诉说，那一段缭绕的情。

风过后，又多了一地的叶。拈起一枚枫，恍惚觉得指尖儿发了烫，那是一种怎样的色彩，如此红艳？它的红艳，竟像是一种滚烫灼人的情感，让人不忍轻易地放下。如此，是不是觉得，枫的红总会扯动人的思绪？

我沉浸在这样的秋里，静静地站立着，任由那一片又一片的红在我脑海里，被无限放大。那是隐伏在我心里的忧伤，还是栖息在我脚下的希望？也许，忧伤，就是希望的开始。我想就这样恋着这个秋，恋着那片枫。找寻属于我的秋，属于我的暖，用一叶枫红寄语未来。

以一颗冰冷的心应对这尘世的薄凉

    光阴荏苒，风携着秋的萧瑟载来初冬的凉寒，落叶纷飞的日子总给人些许伤感。

    时光，如一湾宁静的水倒映着过往的流年，淌过春夏秋冬，浸透在每一个白天和黑夜里。我在晨风中，写下渐已老去的年华，又瞥见斑驳的岁月。

    华年似水，那些走过的青春、无法忘却的点点滴滴，连成一条条忧伤的线，在季节的交替中。

    岁月留下的回忆历历在目，仿佛清晨的钟声惊醒昨夜的梦。

    看云卷云舒，感叹岁月光阴。

    我随风，飘浮在流年之中，徘徊于飞花落叶之间。我知道，你终究是我生命里的一道亮丽风景，那是我无法抹去的记忆。

    在夜幕下，忧伤暗涌，飘飘洒洒，经久不散。

    在那个冰冷的季节，秋风劲吹，拉开了寒冬的帷幕。我带着经年的伤负重前行，渐远了尘世的万家灯火。

    我的世界，阴霾而忧伤，一如冬日的一抹残阳，沉重而苍凉。寒风一次次吹来，拂过我的心。

    洗不掉的记忆如月下丢不了的影子，总在夜幕降临时悠然而至。

    芊芊岁月，摇曳着潺潺往事，飘于茫茫红尘中。

    走过春的明媚、夏的绚烂、秋的萧瑟，如今，且任这寒冬凝固那飘零的情怀，以一颗冰冷的心应对这尘世的凉薄。

隐藏的心思，你有没有发觉

习惯了一个人沉默。

思想没有一点意识。冰凉的风，一点一点地汲走我的热能。

我不知道，自己应该怎样。

我隐藏着心事，习惯了这样的一种状态。

一起走过的那条路，早已踏步无痕。

痛入心底，总是在不经意间感伤。在那心痛的地方，残留着我凄凉的心事。

你给我留下的空白，我没有办法填补，也没有办法忽略。

我隐藏着痛楚，误了一个季节的风情，散了一地的厚重的心事。

想用一种宁静的月光，照亮黯淡的夜色，却阻挡不住夜色的来袭。

在黑暗的角落里，我是怀着心事的寂寞人。

或许所有人都是寂寞的。一个人也许永远不会真正懂得另一个人，所以，有时候，宁愿一个人孤单。

有一种爱叫寂寞，有一种爱叫无语。

习惯了一种思念，习惯了一种折磨。记忆在脑海里浮现，距离却是那么的遥远。

关于你的样子，怎么也忘不了。你给我留下的，只有失落与迷茫。

相思纠缠在寂寞的世界里，你是否也和我一样？

我的灵魂时常没有思想，我的伤感和孤独总是突然袭来。

我隐藏的脆弱，你有没有发觉，你的样子越来越模糊。

悠悠风，浓浓情

风轻轻地吹，是那样的柔软，那样的舒适。走在青青的芳草地上，看着盈盈的碧水，我仿佛嗅到你温润的气息。风是如此的多情，吹绿了叶子，吹红了花朵。

风轻轻地吹，水静静地流淌，漫过我们留下的脚印，漫过我们两颗靠近的心，漫过我们共同筑起的漂亮小城堡。

风轻轻地吹，悠悠地飘来朦胧的雨，怀念雨中的那个你，怀念雨中那个为我撑伞的你，怀念雨中那个用深情的眼神望着我的你。

多么想念，我们躺在碧绿的草坪上，头顶着头、手拉着手的时光。

风轻轻地吹，天空格外的明媚，那是一个晴朗的夏天，天空蓝蓝的，卷着白云。

点点滴滴，我们共同经历了那么多。你说，在这里，你找不到你想要的东西，你要回到你日思夜想的故乡。你要回到你熟悉的老地方，重新开始你的人生之旅。

你离开了，孤单的我。我还守着充满美丽与忧伤的城。思念，如蒙蒙细雨，潮湿了我的心。不知你有没有找到，你想要的理想，有没有找到合适的人，有没有偶尔想起我，想起我们曾经在一起的美好时光……

风，将我的思念吹进回忆里，吹过我们曾经相爱的地方。思念漫过我的城，成为我最美丽的风景，成为我最珍贵的回忆。

原来我的初心还在

时间永远不会停歇，我们的步伐永远赶不上岁月的脚步。一转眼，我们已经不是天真可爱的孩童了。

今夜的月光在云雾中时隐时现。

我就像被束缚的蚕蛹，找寻不到最初的自己。

我好累。

不知什么时候，感觉自己就像一片浮云，孤零零地没有依靠。夜寂静无声，我随着黑暗，坠入了无尽的深渊。

心在流血，我就像一个流浪者。

我所谓的坚强，就是把泪水留在眼睛里。

一次次被伤害，一次次爬起。

我是一个孤独的人，我很想在今夜，做一个美梦。

夜不能寐，我忽然发现，灯火阑珊的夜是如此的美。这样的夜，就是自己一直寻找的境界。

被充实的灵魂，萦绕着时空岁月的影子。原来，我的初心还在，一直没有改变。

月夜情结

夜渐渐地浓了，情也渐渐浓了。一切是那样的熟悉，又是那样的陌生。

在月光照得如同白昼的夏夜里，伫立在这个城市的街头，看着稀稀疏疏的人一个个地走过，突然感觉特别的冷清，心里透着丝丝的忧伤、丝丝的落寞，不知这份失落该向何人诉说。很怀念小的时候，与发小们在一起的情景，也许那时的我们才算是真正的快乐。

慢慢地步入一条幽静的小径，感觉只有在这里，温柔恬静的月光才能这般恰到好处。月华浸染着整个大地，小径被月光照得一片雪亮，格外耀眼。

不觉间来到了一个池塘前，平时活泼的鱼儿，现在却静悄悄地待在那儿，可能是月亮那美丽的光晕，将它们带入梦乡了。池塘中间有一座石山，在月光的映照下，显得更加情趣盎然了。月儿映在墨绿色的池底，突然让我想起了"月是故乡明"的诗句。

在这寂静的夜色里，看着这景致是那么的迷人。

在深秋，聆听幸福

夕阳西下，一抹落日的余晖倾泻而下，使暮色深秋中的黄昏透出一种宁静的美。卸下一肩的疲惫，一个人行走在凉爽的秋风里，感受深秋的色彩。风在耳边，轻柔地将一颗躁动的心抚平。于是，深呼吸，贪恋着，这秋的味道，投入了秋的怀抱，为之深深沉醉。

秋色入目，融入季节中，渲染了一颗心。

秋，淡淡地来了，安静地装点了这个季节的美，弥补了那些所谓的残缺。落叶飘零的秋，鲜花盛放，丰满了日益消瘦的光阴。

秋，隐去了春天的妖娆妩媚，褪去了夏日的躁动不安。秋，永远是那么的安静、恬淡、饱满、厚重、成熟。秋天独特的韵味，犹如人生，经历了千百次的风霜，坦然自若，荣辱不惊。或许，一切的静美，都是沉默的、无语的，不狂躁的，不张扬的。人生最美的况味，如数蕴含在其中。如若把秋比作一个人，那么内心越有故事的人就越沉静，内心越空泛的人就会越躁动。

深深地迷恋于这静美的秋色，它身上散发出的那种独有的气息，就像人到中年经过了岁月的沉淀。好想就这样追寻着秋的脚步，与成熟而多情的秋深情地相拥。

爱秋，便学会了欣赏秋。行走于秋色中，将心搁浅在这个黄昏的落日红晕里，别有一番情趣。

漫步于秋色中，唏嘘感叹大自然的无穷魅力。

沉迷于秋的韵味，更陶醉于这个黄昏。夜色渐浓，深秋风萧瑟，而我却放慢了脚步。

　　缓缓行走于暮色深秋中，体会这个季节独有的美，便也参悟了许多的道理。闭目遐思，聆听。仿佛那些绽放的花儿，就是我们盛放的幸福。

在阳光下遐想

　　晨起在阳光下行走，无论走到哪里，都会有阳光的陪伴。

　　喜欢阳光下的青草和树木。阳光下的青草和树木，是别样的。

　　行走在阳光下，心情是透明的，如同树荫下斑驳的光点。喜欢这样的日子，一个人静静地，随意地，走着，看着。我想每一个心里拥有阳光的人，都是一个快乐的人、对生活充满希望的人。

　　在阳光下行走，轻松而惬意。沧桑的岁月掠夺了那本该有的欢乐。曾经的岁月已渐行渐远。人生在叹息中，丢掉了原本属于自己的青春，让时光苍老了岁月。

　　行走在阳光下，心灵是明媚的。突然，有一个鸟鸣的声音在说，生命是美好的，阳光是灿烂的。大自然赋予我们的一切，是那么的美妙。行走在阳光下，多了一份温暖，多了一处风情。

　　行走在阳光下，用心感触大自然，嗅着阳光的味道，眼睛里满是清澈与明净。年华似锦，青春与梦想在阳光的映照下显得五彩斑斓。生活的快乐原本是属于生命的。在阳光里看世界，邂逅美丽的风景。

长长的路，慢慢地走

微风吹来，蓝了天空，欢了溪水，绿了杨柳。不经意间，枯瘦一冬的枝丫已经长出了绿叶。脚下的小路随着路旁葱茏的树木，绵延伸长。

温暖的风，踏着阳春三月的声音翩然而至。小草铺绿了大地，湖水泛着粼粼碧波。细细地欣赏着这个季节的生机和美丽，瞬间，心生动了许多。这么美的风景，这么美的季节，有多少人真正感受到了它的美？

如果你失去了美丽的眼睛，那么，再美丽的风景也明媚不了一颗麻木的心灵。

人生最曼妙的风景，就是保持一颗淡定的心灵。有一颗淡定的心灵就能够坦然面对生活，勇敢迎接生活的挑战。世界是属于我们每一个人的，我们每一天的任务，就是努力生活，做好自己的事情。过好每一天，生活就不会辜负你。

要做一个最好的自己，无须仰视别人的自己，因为你就是一个不同的个体。

长长的路，唯有慢慢地走，才能饱览沿途旖旎如画的风景。

珍爱生命，淡然前行

五月是美好的，初夏的风还带着春的花香，心在满眼的绿意中，与新的季节相拥。触景生情，那些遗落在指尖的光阴，诉说着美丽的过往，在岁月的年华里。生活因为有了色彩而美丽；心灵，因为有了阳光而温暖。

人要学会热爱生活，只有热爱生活，才能拥有生活。

极目远眺，有一股清新的空气扑面而来。岁月辗转，时光匆匆。在生命的里程中，开心过，也悲伤过。用心地观察生活，你会发现，美好无处不在。

也许，你有太多的苦、太多的不幸。人生，唯有选择坚强，才能慰藉生命中的伤痛。

生命，是一切幸福的根源。在追逐幸福的路上，有一分付出，就会有一分收获。

很多时候，你会发现，眼界开阔了，心境就会随之宽广。生活的道路充满坎坷、荆棘。挺直脊梁，你会发现，不一样的生活。

给生活一个微笑，就会增添一分生活的色彩。生活的舞台是属于每一个人的。

真实的岁月

听，时光的脚步，踏醒了一地的思绪，成全了一份记忆。

有时候，心情就像季节的雨，反复无常，倏忽莫名地低落。

季节的风，带着萧瑟的空气，凉了一季又一季。谁能在恰好的时候，写下一首雪韵的诗行？

这喧嚣的红尘，有太多的是非纷扰，无法躲避，无从躲闪。光阴的青苔斑驳着岁月的印记，在那最深刻的地方，有着最刻骨的痕迹。

时光若水，一地独白。我将风干的过往悄然地别入衣襟。

光阴从来不会薄待于谁。

渐渐地明白了生命。生活，并没有想象中那么美好。

也许，微微一笑，岁月便是洁净美好的样子。

当秋风吹落了夏的浮躁，终明了……

光阴的故事，在一首老歌中。

生活，有希望，也有失望。

你善待岁月，岁月自会还你一份美好。

致我最爱的人和爱我的人

父母给了我们宝贵的生命，把我们带到这个世上，让我们看到了多姿的世界，享受了多彩的生活。

父母省吃俭用，让我们健康无忧地生活。天空虽然宽广，却不及父母的胸怀和爱。

时间的年轮，带走了父母的黑发，沧桑了父母的容颜。

是父母陪我们走过一段又一段的人生里程，给我们遮风挡雨，躲开了风雨的侵袭。当我们伤心的时候，父母为我们抚平创伤；当我们疲惫的时候，父母为我们消除疲劳；当我们无助的时候，父母为我们排忧解难。

真爱无言，爱的芳香渗透在生活的罅隙间，在生活的点点滴滴里。在漫漫人生风雨路中，是父母在途中伸出炙热的双手，温暖了我们。孤独时，一声亲切的问候；困难时，一份无私的安慰，抚平了累累伤痕。

不管在外面多苦多累，回到家中，看到父母，在他们的陪伴下，所有的苦和累都会烟消云散。

父母不求回报，一味付出。父母只希望儿女健康地生长，美好地生活。儿女在这个美丽的世界上陪伴他们一起同行，就是他们最大的心愿。

孩子是闪烁在每一个家庭的星星，有了孩子，家庭就会有希望，有寄托。

父母为了孩子，起早贪黑，从不抱怨。在父母的意念里，他们的使命就是让孩子有一个好的生活环境、好的前途未来。为了孩子，他们不沉于痛苦中，汲汲于生活中。

最疼的梦想心

夜晚，人少了，一个人有些冷。忙完了一天的工作，有些疲惫。

下班的路上，望着这个城市的夜晚，眨几许有些累了的眼睛，看着擦肩而过的人群，他们的表情似乎在闪烁。街灯那么魅惑，我却在迷惑。

有时候，我觉得也许在人生的这条路上，当自己累了，想驻足一会儿，休息一下的地方，也只有这十字路口，红灯面前的那一分钟，其他的时间可能永远都在不停地奔跑。看着前方，心有些黯然，冷风在耳边咆哮。

我能承载多少的疼痛，多少的悲伤？有时候回过头想想，感觉自己有些活受罪，沉痛的包袱常常使自己迷茫在人生的旅途中。

我驻足于十字路口，内心感到一阵阵抽搐的疼痛。摸着，按着，不想让它那么疼痛，但一点也没有用，因为自己的心还在剧烈地跳动。

默默地一个人眺望这座城市。

我不知道当实现梦想的时候，那颗曾经的心，还疼不疼？也许，怀念着曾经追寻梦想的过程，心依然会有些疼痛的共鸣。

不顾一切地为了理想而奋斗，梦想的心受了伤，流着血。也许这就是梦想，给你的考验吧！

爱若盛开，美景自来

岁月流转，季节翩跹，不知不觉间，时光轻盈的脚步，已漫步进入夏的城池。轻轻的风，掠过流年的发梢，撩拨着夏的窗帘。

天很晴，心很静。

人生的美好源自对生命的珍爱，因为只有珍爱生命，才能拥有美好，否则，你的整个世界将是一片萧瑟、灰暗和苍凉。没有珍爱生命，就没有对生命的珍惜。

只有我们懂得了珍爱生命，才可以怀着美好的心情，在流年的风雨中，食红尘烟火，赏人间百态。我们深爱着世界，世界也会深爱着我们。

生命的力量是无穷的，珍爱生命，生命就可以创造奇迹，快乐和幸福就会跟随我们。

就让我们撑起一支长篙，让生命之舟航行吧！我们应该明白，生命的意义在于奋斗。

如果我是一汪水，我愿意滋润一片土地；如果我是一缕阳光，我愿意抛洒一片光明；如果我是一粒种子，我愿长成一棵大树。

珍爱生命，可以唤回走失的灵魂，可以为人生点亮一盏明灯，为自己的心灵造就一个新的世界。

我们渴望美景常在，我们希望生命有意义，那我们还犹豫什么？还等待什么？那就从现在做起，从自我做起，从点滴做起，让生命之火燃烧、蔓延。

人生之旅，时光匆匆，似流沙悄悄流失，我们要懂得珍爱生命对于人生的意义。

　　我希望湛蓝的天空一直有飘逸的云彩，静谧的天空永远有闪烁的星星，生命的旅途永远有清新的美景。

　　时光荏苒，日月流转，一路上只要懂得珍爱生命，纵然雨雾漫天，我们的眼眸也照样有美景映现。

　　珍爱生命是一种懂得，是一份感悟。它随心而生，随心而动，随心而行。人生播撒下希望的种子，必有收获，生命绽放，美景自来。

　　生命的笔，只有蘸上五彩的颜色，才能绘出人间最美的图画。

安静，内心最美的风景

在这纷扰的尘世，能保持一份静心是非常难得的。安静是心灵深处的一缕清音。

心静的时候，可以听到溪水潺潺的声音，感觉身边的风是轻柔的、空气是湿润的。

世间的万千美景都比不上心中的风景。一个安静的人，一定是心中有美景的人，他们懂得抓住心之灵魂，去欣赏美景，享受生活中的风景。

淡淡的时光里，最难得的是那颗悠然的心。

经年的往事在一壶春色里，淡淡的溢于生命中。

一个人，独有一份自恃，在纷扰的红尘中，心中自然清凉。

我们都需要有一个自己向往的地方，心之所往，即是驿站。

善待自己，就是善待人生。

静心，就是一种修禅。

一个安静的人，必携有一颗淡然的心。

一个安静的人，无论遇到什么事情，都会保持清醒、步伐稳健。

一个安静的人，行走于红尘中，会用一颗平和的心，对待世事。离尘嚣远一点，离自然就会近一点。

静，就是生命的净美。生命的意义，在于生命的韵律。

多少美景，也抵不过内心的自在和轻松。

所谓幸福生活，一定是指安静的生活，只有在安静的气氛中，才能产生生活的乐趣。一个安静的人一定是快乐的、达观的。

人生难得有一颗静心，生活因为安静而美丽，岁月因为安静而丰盈。安静，是内心最美的风景。

碧云疏影入秋画

下了一夜的秋雨，树上的叶子突然变黄了。毕竟是深秋了，都说秋是伤感的季节，其实却隐藏着另一番意义。

不经意间，那些春夏的记忆，在这个季节里涌动……

遥望远山苍茫，记忆的影子诉说着过去的光阴。

秋，没有夏的浮躁，多了一份宁静。清凉的风，吹晴了光阴。那份心灵的清幽，让心如明月，一尘不染。喜欢秋天，喜欢秋叶的色彩，喜欢秋云的飘逸，喜欢秋的深邃与静美。秋水、秋云、秋叶，勾勒出一幅美丽的画卷。

捡拾岁月，看人生在年华的交替中，匆匆而过。那些渐行渐远的风景，在记忆里仍旧生动。

节气向晚，忽而感觉就凉了。

季节的变化诉说着时光。

生命中，总有一些情感埋藏在心底。

心情，如溪水静静地流淌……

风起，云流，入秋画。我静静地将记忆，临摹。

那些荆棘丛生的时光，那些烟雨蒙蒙的日月，需用平静的心去触摸。

秋风瑟瑟，草木枯了，枫叶红了，大地虽然有些萧瑟了，却有一种别样的静美。在这样的境界里，寂静的美有着神奇的魅力。

秋天，透着朴素，就像平淡的生活处处蕴藏着生机。忙碌着，快乐着，忧愁着——这就是生活。

不识字的母亲

今天不知为何，突然特别想念家中的母亲。

拨通电话，听着母亲沧桑的声音，她那刻布满皱纹的脸就浮现在我的眼前。

母亲，总是任劳任怨、默默无闻地忙碌着。曾经多少个日日夜夜，不管是酷暑炎热，还是风吹雨打，母亲总是披星戴月，早出晚归，忙碌着家里的农活。

母亲识字不多，但她对孩子读书的信念却是特别笃定。听母亲说，我家的不少邻居曾劝母亲不让我上学，她总是不屑一顾。因为她深知孩子是她生命的延续，是她坚强生活的支柱，是她未来希望的寄托。她坚持自己的信念，相信读书一定会有丰硕的回报。

那一年，在严寒的冬夜，当我躺进暖和的被窝时，发现母亲还在昏黄的灯光下娴熟地穿针引线。也不知道母亲缝到深夜几时，第二天一觉醒来，我穿上了崭新的、温暖的棉鞋。

这么多年过去了，儿子在她的呵护培育下，终于实现了她老人家的夙愿。

而今，母亲已衰老，身体也日渐软弱，疾病时常折磨着她的身体。每年的各种假期她都翘首企盼儿子的回归。

多么想时刻陪伴在母亲身边，多尽一些做儿子的孝道。回想过去的点点滴滴，儿子虽然在外工作多年，却没有尽到儿子应尽的义务，母亲辛辛苦苦地把我养育成人，我却没有给她买过一件衣服、一双鞋。母亲无悔的爱，我却忽视了。有多少爱可以重来？！

采禅意，寄静美于心

喜欢这样一种生活，以一份如水的心境，游走，如一朵风中的蒲公英，自在地飞舞，享受风飞的自由。看山，听水，美在眼里，处处皆是风景。

尘封的心，在阳光下洒满光辉。你远离了阳光，阳光就会远离你。

最好的风光就是心中的境界。

在没人知道自己的付出时，在没人懂得自己的价值时，在没人理解自己的志趣时，请不要困惑。活着就是为了一种执着，活着就是为了一种单纯，活着就是为了自己的一个美丽梦想。我静静地倾听着自己的心跳，感受自己的脉动。

有些路只适合一个人行走，成长的过程中有苦亦有甜。默然前行，寂静泊心，即使孤单，也要做最美的自己。

总有一些细碎的光阴，携着隐形的翅膀，悄然住进无声的回忆；总有一种情怀，带着旧日的气息，默默流淌在最深的心底。

沉寂的心事

　　来这个城市已经有几年了，周围的一切是那么熟悉，又是那么陌生，来来往往的人群中，找不到熟悉的面孔。我就像一个过客，停留在这里。

　　在这车水马龙的背后，隐藏着无数如我一样，哀伤、复杂的心情。深夜，面对自己的疮伤，却无法用一双温暖的双手抚平。一颗落寞的心，在这一刻，想起曾经默然相爱的人，曾经遗憾的青春、苦笑，把眼泪洒向苍穹。我们都过着并不满意的生活，试图挣扎着摆脱。我沉醉在迷离的夜里，不能自拔。这样的夜，太安静，安静得时时刻刻能触碰到你的伤痛。这样的夜，注定会有丝丝缕缕的忧云飘来。

　　在城市的边缘徘徊，有太多相似的经历，有太多厚重的生活。我的忧伤随处可见，遍撒每一寸土地。也许是因为有了太多的忧伤，才有了深刻的体会。哀叹、遗憾、感动，就这样丰富了我的内心世界。我在痛苦的经历中、懂得了生活，得到了成长，生动了心灵。

初心难忘，无言守候

我在赤道里守望着自己。

在这个世间孤独地寻找着存的意义。

徜徉在时光的国度中，漫漫长夜，无处诉怅惘。所有的错过，终变成一场纠缠，寂寞流年。

岁月悠然，沧海桑田，蓦然回首，几度春秋？

在茫茫夜色中，世界显得那么渺小。我孤独地站在窗前，一个人沉默。

一切还是原来的样子。有那么多的时光，在青春岁月中，留下一片片空白。

我还是，那么真实地存在着，不管光阴如何，亦无法改变初衷。

人生，有伤、有痛，也有欢笑。再回首，时光依旧，只是苍老了容颜。雨过，又见袅袅云雾升起。

明天又将是一个新的日子，漫漫长路，光阴一去不复返。

望着天边的月，犹如一梦。旖旎流年，有一处的风景、有一盏的灯火，在心中。

记忆模糊了时间，一切就像一场梦。

人世间最痛苦的事并不是一无所有，而是将拥有的一切荒芜。

时间流转，一切仿佛还在昨天。回忆荡漾着涟漪，激起阵阵的浪花。

春风起，一弦心动

春风起，谱写一弦心动，吹散寒冬的阴霾，抹去旧日的痕迹。又一年轮回，轻弹风的韵律，静待春暖花开。

初春，灵动的春风舞出了时光所有的美丽。一颗心在春风里悸动，温暖着我单薄的心灵。

我一直等待的春风来了。我想在这春风里，弹一曲天籁之音，忘却城市中所有的喧嚣，奏出开怀的笑声。

春风，你轻轻地走来，我与你不期而遇，动荡了我的心扉，沁透了我的身体，嵌入了我的骨髓。

你沉浮了几重山水，行到了冬尽春归时，掠过了我的心头。

春风，捎来寒冬独自离去的不悔，在乍暖还寒的时候，装饰了沉睡一冬的枝头。

不知何时，庭院那一枝梅花，追寻冬归隐，独留春风在。

迟迟走不出残冬的心，便在遇见你时，春风起。我在新春的时光里，卸下心底所有厚重的行囊。

春风起，萦绕耳畔的呢喃，吹又生的春情，日日深。一弦心动怎由人？我在春风中寻觅，细品人生静好的情韵，于心底安静地绽放。

春天，只写下生命的葱绿与花开

春日，一株株小草钻出了泥土，一棵棵树长出了嫩叶。它们都在努力地生长着，都在极力地展示着自己的生命。

此时的大地放眼望去，处处荡漾着春光的美好。在暖暖的春意里，只有花开的美丽，只有阳光的明媚，只有欣欣向荣的景象。喜欢春天的生机盎然、万物萌生、争奇斗艳。春天是全新的开始。

风中的绿叶、枝头的花朵，都在烘托春天的美。春是芬芳的诗词，意蕴隽永。

时光拉开了春的帷幕，装饰了大地，也装饰了自己的风景。

绿莹莹的春，深深地触动了我。春天在阳光下灿烂，旖旎了自己的生命。

春天是一个五彩缤纷的世界，有桃红柳绿，有鸟语花香，还有一颗明媚的心。

春天来了，我们沐浴在阳光中，迎春风，看流云，赏风景。春天的风景是明媚的，多彩的。我们被大自然美丽的风景所吸引。

春天的生命是多彩的、美好的。在这诗意的时光里，切莫让忧愁冲淡了春光的美好。

春之惑

"一夜春风吹，柳叶翘枝头。"

我走进春天，感叹春天，张开怀抱迎接春天。春天充满生机，充满希望。春天，迈着矫健的步伐来了。我喜欢春天，我向往春天，也时时刻刻感受着春天的温暖。如今，春又回来了，那些偷偷溜走的时光催老了我们的容颜，却丰盈了我们的人生。

四季轮回，生命不复。

我们可以失去很多东西，唯独不能失去希望。用眼睛看到的，是别人的故事；用心感知的，才是自己的人生。我们唯一的选择，就是对生活、对未来充满希望，一步一个脚印地往前走。

人生有苦涩，才真实。"晴朗的心，没有雨天。"

我虔诚地守着诺言，坦然从容地面对每一天。

天是那么的蓝，地是那么的绿，水是那么的清。生活，就是用积极的心态去化解负面的情绪，在自我反省中，提高生命的质量，活出生命中独有的价值。

春天已经来到，我们不妨为自己加油，为自己喝彩，今天就是未来的起跑线。

静观大自然绝不仅仅看所谓的变化。也许，永恒不变的事物，就是万事万物的变化。

严冬已逝，春天悄悄地来到人间。春天，是一个美好的季节，预示着生机的开始。不知你是否看见了生命和春天一样美妙。古往今来，人们几乎用尽了所有的美好，赞美春天，皆因春天，万物复苏。

当悲伤逆流成河

悲伤，让我鼓不起勇气，停不下眼泪，只能让它任意流淌。

世界并不完美。

生活中有很多事，总会让人难过。一个人，独自在夜空下默默地流泪。

有一种情感，在夜深人静的时候，如水草般疯长。

看着漆黑的夜空和遥远的天际，在无人的街，是那么的无助。

枯黄的秋叶，一片片地飘落。

悲伤总让人习惯把自己变得孤单。

也许一个人的时候，更容易感伤。青春太仓促，犹如一辆列车浩浩荡荡地从身边绝尘而去，好像什么也没有留下，只有孤单的自己。

望着天空的阴云，想起往事，累累伤痕。

我有太多的话说不出口，有太多的伤心事掩藏在心底。

明明知道眼泪改变不了什么，还是忍不住流下伤心的眼泪。

暗自伤怀，泪珠不自觉地滚落脸庞。

几度春秋，多少事，如云烟，模糊了视线。

冬日的旷野

冷月初升的夜晚，寒风吹扯着我紧裹的衣衫，漫步在冬日的旷野上。光阴如梭，一个转身的距离，一个季节就过去了，生命来不及感叹，就已远了青春。

冬日的旷野，一片肃静，大地卸去了往昔的繁华与喧嚣，留下一望无际的枯草和料峭的树木。远处的村庄被一层轻纱薄雾笼罩着，显得格外朦胧而迷离。

走在这无垠的旷野里，不禁唏嘘。

冬日的旷野，褪去了美丽的衣衫，露出了原始的风骨。

走近冬日的旷野，需要有一种情怀与大自然融为一体，倾听大地的梵音。时光的脚步走入冰冷的严冬，不动声色地将这个季节融入心灵。季节的轮回一如人生，每一段路都有不一样的意义。

每一个人都有自己的人生路，辉煌也好，平庸也罢，用心地走过，就无愧于人生。

冬日的旷野，给了我们更多的启示与感动，让我们读懂了，在一片寂静中所孕育的生命。

在人生的路上，有时候需要放慢脚步，来寻求心灵深处的一种安宁，点燃寂寥的生命。

时间，让那些曾经刻骨铭心的伤痛，随了风。经历了那么多才明白，人生最曼妙的风景，是内心的一份淡定。

冬有薄情，亦有深情

冬着一身素衣，缓缓而来，季节没有了往日的姹紫嫣红。

冬日的陌上有些清寒，风从远山，呼啸而来。

冬简单得有些苍白，其实生命的底色又何尝不是简单？如若所有繁杂都能够删减，是不是心就不会负累？

不要因为没有繁花似锦，就拒绝冬天，更不要因为冬天的苍白，而丢失了美好。

冬日是一个冷清的季节。

我特别喜欢冬天里的素静之美。

如果说，秋天适合想念，那么冬天就适合安度。生活是慢慢积累、慢慢沉淀的过程。静待是一场禅意的修行，我愿意在这细碎的光阴里，在最冷的日子里，安然前行。

无论季节有多么的清寒，也要眉间有暖。

生命中的哪些美好，无论走过多少时光，依然会留在心间。时光那么深，岁月那么长，不管季节如何转变，都要有一颗永恒的心。

我希望风能吹走所有的寂寞和疲倦，让寻常日子里累积的阴霾风过俱散；我也渴望着一场雪能覆盖所有的灰尘，让被灰尘蒙蔽的心灵变得洁白。

我知道，生活不是诗，生活就是认真做好每一天的事，踏实地走好每一步的路，努力地生活，让困难和落寞远离。在生活中不抱怨、不埋怨，也许就是最好的人生态度。

懂，于心

立秋刚过，秋的气息便已悄然入心，染了几分凉意。

我在秋来的晚风中，守一段光阴。

秋的温度，愈发真实可触，秋天的色彩一览无余。

秋的味道，在心底深处缱绻。丝丝凉意，触碰到夏日隐去的美丽。

慢慢地品味时光，才可以在心里生出一道风景，顿悟生命。

不是每一程的风景都会伴随着阳光。如果，心里的时光在某一刻失去光芒，那么，请给灵魂一个重塑的机会。就在这个静美的初秋，将心放逐，听风吟，邂逅那个最美的自己！

世间的每一种得到，都深刻地经历了时光的淬砺，从而成为一种生命里的收获。

美好的风景无数，总会有一处让你心生静好，固守于心。在某一瞬间，你会惊觉，这一程山长水远的跋涉都是为了遇见这一刻的美好。

夜，寂静，幽然。一段熟悉的音律牵引着心绪，轻触每一个安静的字符。

读生命

昨日的酷热，还在今日蔓延。在曲折的路上，当汗水流满脸颊时，是谁还在清醒着，依旧坚强？孤单的世界，有一段斑驳的旧时光。

那些甜美的梦，带着苦涩。路漫漫，是那么的遥远，远到天涯，远到海角。我的愁绪，跌落在寂寞纷飞的夜晚。

夜，似乎拉远了心与心的距离。我像是飘零在孤独夜里的一片落叶。天空，是漆黑的；脚下，也是漆黑的，甚至一颗执着的心，也变得黯然失色了。天涯何处觅知音？

破碎的时光已拼不出完美的记忆。唏嘘的往事，幻化出愁云几朵。我守着自己荒凉的城，任由心事大雨滂沱。

时光流逝，留下忧郁的痕迹，独自承受属于自己的寂寞。不甘于就这样一瞬间就老去。

我在时光深处寻你。

一个人的时候，喜欢读生命。所有的经历，如今看来，都是萦绕在心中的秀丽山水。

将来不管在哪里，这一生，你都会深深地住在我心里，永远不移。长路漫漫，我用最感慨的笔墨描摹我的唯美人生。

芳华梦归岁月歌

坐望尘世，看云烟，一颗洗净铅华的心，归于平静。在这安静的日子里，倾听岁月走过的声音。

望着窗外的景色，倦乏的树叶又带着这一季的伤感，向我们轻轻地挥手告别。在这秋风又起的日子里，那曾经的记忆又被唤醒。烟雨中遗失的梦又开始与我纠缠。

曾许下的诺言，被岁月的风吹了整整一个轮回。又是凉的秋、冷的风，又是落叶飘零的季节。

端起一杯光阴，在往事里徘徊。熟悉的画面拉长了怀念的曲线。

曾书写过太多的人生，脚下的路留下了一长串辛酸的印记。

有多少次灵魂饱受酸辛，有谁知道午夜惊魂的梦，让脆弱的心充满了恐慌和茫然！

回想，一个人走过的路，既赏心悦目，又悲凉万分。

曾听说在黑夜里可以寻找失去的记忆，于是，我带着满腔的热忱回到梦中。有人说，时间可以淡忘一切，最终还是无法遗忘。

在这个繁华的世界里，弃不掉世俗的牵绊。我们每一个人，都背负着自己的责任和初心。

我遥望星空……陷入了无尽的深思。

我不知道该用多少时间去弥补丢失的光阴，没有人告诉你现实的残酷和无奈。

匆匆流年，如烟，能有几何？

弹指，不过一瞬间。

放下，让过去的过去

心路曲曲折折，总会在夜深人静的时候，咀嚼回忆。

人的心，有时像风一样，反复不定。忐忑、焦躁、迷茫……这些不安的情绪时常折磨着自己。心里的阴影就像一根隐形的绳子，丝丝缕缕地缠绕在记忆深处。

岁月的一面，凋落着凄凉的影子。

我们虚度了年华，远了时光。

生活中的我们，荒废了多少时光？

生活的包袱有多少是我们放不下的？背着包袱生活，累的不仅仅是自己，还有脚下的路。

人心，就是一个世界。一念应拿得起，一念也应放得下。每天行走在纷扰的红尘中，过着柴米油盐的日子，每个人或多或少都会有烦恼与遗憾。

在我的生命中，过去是永远无法抹去的烙印，深深地疼在心里。过去的事情已无法更改，没有人可以穿越时空，改变过去。那就让过去成为历史吧，从今天开始。

风轻云淡的日子

经过红尘的纷扰，弹落灵魂沾染的尘埃，携淡淡的情怀，迎着清馨的微风，坐在岁月的源头上，看时光婆娑，感受唯美的风情。

在大自然的摇篮里，在岁月的臂弯里，多少往事徘徊在心中。

我在流年的窗口，铺开一笺墨香，轻笔描写，将曾经的记忆蕴藏在文字里。

人生之路，终有几段美丽的景致点缀了生命的旅途，让人回味。

岁月远了从前，清浅了时光。细数流年，云烟缭绕。

人只有在宁静之中，才能体会到心灵深处的呼唤，才能看清尘世的繁华之中隐藏的真实。面对生活的浮浮沉沉，我早已习惯独自一个人承担。生活有收获，也有遗憾。以冷静的态度看待问题，也许会看到意想不到的美丽。

风雨渡春秋

时光安静地流淌，岁月不断地变迁。我们在生活中不断地奔波，不断地创造。为了满足自己的愿望，实现人生的价值，我们在汗水和泪水中不停地努力着、拼搏着。

生命的旅程总会遇到这样那样的困难。很多事物出现在我们的生命中，需要我们努力地去适应、去克服。

生活——我们热爱它，它就会热爱我们；我们抛弃它，它就会抛弃我们。遇到困难，只有勇敢地面对、不懈地努力，才有成功的希望。生活没有挫折，没有挑战，就没有未来。

秋叶飘零，实则是一种对过去岁月的道别。

我努力地凝望着时光，去追寻一帧又一帧的光影。

有些东西，注定让人难以忘怀，触碰一段记忆。

生活中，总有一些故事留在我们心中。关于曾经，或许就是我们寻找的永恒。

凭栏问春秋，多少事？

人生只有在前行的路上，不断地修炼自我、提升自我，才可以在悲喜交集的生活里成就人生，堆积美好的未来。

风雨人生，想说坚强不容易

跋涉在漫长的人生路上，难免会有风雨交加的日子。当失败冷漠无情地横亘在面前时，当痛苦猝不及防地敲响心扉时，想说坚强不容易！

虽然我们总是说要坚强，可真正做到却不是那么容易。在各种挫折和苦难面前，感觉是那么的无助，那么的脆弱。

这个世界，总有太多的无奈。

我们经得起岁月沧桑的蹂躏，却付不起岁月流逝的代价。我曾告诫自己要坚强，要微笑。可当痛苦来临时，眼泪总在黑夜里悄悄地打湿枕巾，心绪总是在寂寞的角落被涸染成黯淡的灰色。

再坚强、再冷静的人，在苦难和痛苦面前，也难以镇定自若。当身陷痛苦的深渊时，想说坚强不容易。

只有坦然地接受现实，勇于地面对现实，才会让心情明朗起来，让未来的路通畅起来。失望、痛苦、哭泣并不能解决现实的问题，如若沉溺于黑暗中，只会遮挡射入心扉的阳光，只能让心灵更加痛苦。

如果不坚强，没有人会替你坚强。我们要迎着阳光微笑，坦然地面对一切。

我不知道，此岸彼岸的距离到底有多远，但我清楚，风雨兼程是因为选择了远方。只要一步一步地走下去，总会有到达的一天。

始终相信，生活的天空不会总是阴云密布，今天的阴云也遮不住明天的太阳。生活不会亏待每个进取的人，所有的美好定会如期而至。

感悟孤独

把自己尘封在一个人的世界，独享一份超凡脱俗的悠然与宁静。

孤独是一道美丽的风景。一个人走在细雨蒙蒙的秋色里，感觉自己就是这如画风景里的浓墨重彩。此时的孤独，是一种境界。唯有拥有一颗孤独的心，才会把自己羽化在这萧索宁静、秋韵无限的景色里。

在孤独中，静静地听时光。时间的脚步声似乎在耳边沙沙作响，眼前浮现出时间掠过的痕迹。人只有在孤独的时候，才能冷静地观察世间万象。孤独是为了更好地珍惜现在，拥有现在，把美好定格在时间与空间里。

孤独是另一种自然的回归。喧嚣过后的孤独心灵才会得到升华和宁静。人耐得住孤独才不会寂寞，孤独不是寂寞而是淡泊，淡泊是一种心态的洒脱。

孤独是一种乐趣，真正能体会到孤独是一种意境时，就是一种境界了。在一个人的空间里，吟唱着属于自己的快乐、享受着孤独、感受着孤独带来的灵感，是一件非常美妙的事情。

享受孤独，就像一个人在春天旅行，欣赏沿途秀丽的美景，望高山流水，看潺潺小溪，闻鸟语花香。一个人只有沉浸在大自然里，才能够真正领悟到孤独的人所拥有的一种独特的情怀。

孤独的意义

打开清晨的门扉，阳光和煦地照了进来。生命在岁月中淬炼得越发醇厚了，过着寻常的日子，看着那些散落在屋里的阳光，感觉恰似一份美丽的期许。光阴无须细细描绘，历久就会弥新。

生活，忙忙碌碌，来来去去。

有时候，就想安静一下，不想与谁诉说，也不想让烦恼路过。人生，需要唤醒心底最纯美的情愫。我喜欢简约质朴的生活，干净自然地守着一颗清心。生活，更多时候在于沉默和坚持。人生总有一个地方，会让你牵念；总有一份情感，会堆积在心中；总有一段记忆，值得你去守望。

在光阴里行走，我们都是赶路的人，

习惯了一个人行走，孤独也好，惆怅也好。

也许有时候，就是需要一点孤独。孤独，是灵魂的一种修养。因为有了孤独，才有了那么多的感悟，那么多的觉醒。因为孤独，才会更加领会生活，热爱生活，欣赏生活。

生命中的一个个印记在曾经的岁月里。感谢漫长岁月里的经历，让我懂得了许多，明白了许多。

行走，是我对你的执着

　　清晨，我遥望晴空，用一颗虔诚的心祈祷与你相遇，不求在最美的时光里，只想在最想念你的时候。

　　我渴望着你的到来，你是否如我一样，有着同样的心情？

　　光阴如梭，流年似水。茫茫人海，我坚信你总会到来。如今，又是夏季，蝉鸣缭绕，绿树成荫，我就在这样的季节里一个人守护着自己的心，等待着你的到来。看着来往的人流，我的心却平静如水。

　　我在此静默地等候，以最美的姿态迎候你的到来。

　　也许，爱情只有历经磨砺才能牵起彼此的手。

　　我一直认为，你会出现在我的世界里。不论时光如何变迁、岁月如何蹉跎，我都会站在最美的风景里，等待着你的出现。很想有一天，在一起，依偎着你，述说那细水长流的绵绵情意。

　　远方的你可曾知道，我是多么的期盼你的到来。我不需要你穿着多么华丽的装束出现在我面前，只需要你安安静静地向我走来，给我一个惊喜。你简简单单的样子就是最美的。为了这样的美好相遇，为了这样的一个你，我的心，一直行走在路上，奔波向你。今生只要有你就好，因为你，我才如此的执着；因为你，我才如此的坚定；因为你，我的人生才变得不一样。

回首曾经的你

含着一丝对你的不舍，我静静地站立在不堪回首的过往里，倾听着初见你时的怦然心跳，忧伤随风弥漫而来……

游离在缥缈的过往中，沉寂，寥落了心事。凝望着不可触及的远方，心间残存的丝丝情愫有着理不清的念。悠悠的风从耳边滑过，伴着你的韵律，思念着你。

我站在无人的角落里，细数尘世里的花开花落，在无数次的天真期许中，慢慢地明了……

叹息，错落，两个本不该相遇的人，碰到了一起。

拖着疲惫的身躯游走在你赐予的世界里，无言地等待，执守的誓言。最终，你还是留在你的世界里，我还是走不出你的世界。感叹过往的痛，强忍着眼角的泪水，不让它流出来。

或许自己一直都不曾领会，两颗已然陌生的心，纵使彼此靠得再近，那份早已被时光疏淡的情感，也无法融合。这种不可改变的结局，也许在刚开始相遇的时刻就已经注定了，只是因为我太痴迷，没有发现而已。

追溯往事，我一次次地把自己迷失在不知归途的路上。

回忆如故，情深如初

春秋轮回，往事悠悠，有那么的多情愫沉浮在岁月中。有些时候，人只需片刻宁静，一些事情便能够一一想起。

有一份情，留存于生命的扉页里。

曾几何时，紧握着时光的气息，在时光里读你，把你安放在我的手心，融入我的灵魂……

一个人安静地感叹，流年深处的痛，不自觉地掀开了那些厚重的往事。越长大，越喜欢回忆了。

夜凉微寒，心意阑珊。今夜我把忧伤融入回忆，那一程风景，多少不在，多少凋零！

一转身，多少人和事变成往事。回忆总是掺杂着难以咀嚼的味道。也许最美的岁月就是静守那一程光阴。

人生总会有些许事情被留在记忆里，让人难以忘怀。哪些落寞的愁情，苦涩得让人难以下咽。

心中总有一份情愫，在徘徊。那是一种蚀骨的情结，凝聚了太多的伤痛。

我常常沉浸在回忆里，走不出阴暗的时光。

寂寞深处，谁可相依

静静地站在湖边，看着晚霞倒影在水中，微风吹起我的思绪。

曾经那么熟悉的你，如今却变成我生命中最熟悉的陌生人。我挽着萧瑟的秋风，对着自己的影子独醉……

岁月，斑驳了情缘，唯有放飞心灵深处相思的云。

心，一次次地被刺痛，形成了一道道明媚的伤痕。

岁月的季风翻阅着前尘往事，我默默地伸出双手，怅望掌心，纹络间印刻着你的名字。

那日，我用伤痛的心送你离开；今日，我希望借你昔日的深情送我一程，暖我这季不曾温热的心扉。

我用真情酿下的美酒，未曾与你相饮，你就披了秋的苍衣，默然转身。你的无情洒了一地，湿了我的心。

忘不了，泛轻舟，揽旖旎，于湖中。你浅浅的笑容是流年里不老的风景。

寂寞深处，谁可相依？

我常常一个人，静静站立在你我戏水追逐的地方，看暮色莅临、夕阳渐落。夜色一点点地弥漫开来，慢慢地将自己笼罩在幕霭之中，任心沦陷在回忆的幸福里。

你离我而去，渐行渐远。我的心痛总是无法隐遁，我的忧伤总是无处安放。

你离开后，忧伤堆砌的泪水，谁人能懂？你离开后，无眠的伤口，谁人能抚？

为你，我成了一片云雨……

家乡

当我们背起行囊，搭上他乡列车的那一刻，故乡就离我们越来越远了。当初怎么也没有想到会远离家乡，在陌生的城市里开始新的生活。梦想，慢慢地实现了，回家的次数却越来越少。

总会时不时地想起那个小山村，想起家里的爸妈，想起那些过去的时光。假日时，常常感觉不到节日的氛围，有一种远离家乡的孤寂。那种心情对于每个漂泊在外的游子，都是一种难忘的经历与感受。

记得刚工作时，那个中秋，一个人待在宿舍，哪里都不想去，想着家，突然感到鼻子酸酸的。

每次离家之际，父母总会帮我收拾好东西，不停地唠叨。你会发现父母的话在此刻是那么的弥足珍贵。家是每个人向往的地方。我们每个人都有一颗回家的心，只是由于种种原因，阻碍了我们回家的脚步。

总是喜欢下班回到家，站在阳台上，看着这座城市，看着头顶的天空，好像眼前的一切景致可以把你带回家乡。你是在哪里出生的，你是在哪里成长的，是哪里接纳了你、养育了你。

"每当你累了，倦了，只要想到有一个家在等着你，那就足够了。"

当早晨的第一缕阳光照在大地的时候，一天的生活又从这里开始了。这里有你心中的梦想、心中的希望。可无论你走向哪里、去往何方，故乡永远是你不变的情怀。

剪一缕时光温暖我

一缕时光、一段思念，珍藏在生命里，划过岁月，荡起片片涟漪。

月光如水，映出初见你时的柔情眸光。那洁白轻盈的月华，轻撒，走入你的梦中，编织出银色的浪漫，轻拥着你。

我于月色里，享受夜的寂静。这月亮，惹来了多少思念和愁绪。眷恋染上了银色的月光，在清凉的夜色里遍撒。月光流淌着，融进我的眼眸，融进我的心田。仰望明月，思念在月光中，跨过千山万水，抵达你的身边。无论你走得多远，也走不出我的思念。

浓浓的思念，在月光中。此生，注定有你的故事才会生动，你留下的往事浮过眼前，一遍又一遍地在孤寂的夜里，反复。

邂逅一段缘分，让一场遇见仿如春花般绚丽，又如秋叶般凄美。相遇了，再别离，让恋春的心思入了秋。有一份想念，在爱的时光里，走进秋韵里。

那年的事，在湖水中荡漾，折射出爱的光晕，是那么的美好。

将心安于无尘中

夜深了，我静静地拿起一支笔，抒写流年。岁月千回百转，于起坐间，我渐渐地学会了生活。深深地知道，每一次的经历，都是一次新生。所有的经历，终将温暖生命。

这个世界是匆忙的，有时，看着身边快速流动的风景、密集的人流，内心总会有种想逃的感觉。生活就像一根绳子，一头拴着希望，一头拴着失望，重叠在一起。

生命的状态需要从繁到简，简单地生活。

其实，我们来到这尘世，寻找的无非就是内心的安宁。所有的经历若选择了淡然，就会释怀。放下负累，就会遇见最好的时光、最好的自己。

心若无尘，则处处皆净。行与阡陌，要学会用明快的颜色调和心情。

我常常沉浸在一首美妙的乐曲、一段精彩的文字里，也许，这就是内心的一种自在。将心，安于无尘中，用一双明亮的眼睛轻叩老去的光阴、岁月的流光，在生命里。

今夜与月色相拥

清风拂过耳边，我似乎听到了，那年与你月下的轻语。凝望着明月，眼眸漫过夜色，旖旎了心境。

不知道从什么时候开始，习惯于在安静的夜里遐想。想你说过的话，想你写过的诗，想和你一起看过的风景。静静地想你，胜过千言万语。即便生活里有喧嚣、有烦忧，也阻挡不了我对你的思念。

默默地望着窗外，夜尽显温柔。此刻，万物归于沉寂，唯有云朵在静夜里悠悠地飘……

夜色融融，天上的明月如水，绵绵的思绪化成一片片的云。相思，晕染了一个多情的秋。秋色已浓，远处的枫林已经彤红，多想在这旖旎的季节里，和你约一场美丽的相逢。

夜，就像是一个精灵，孕育着一种情感。在没有风、没有声音的夜晚，有一种莫名的忧伤涌上心间。在生命的旅程中，我们纵使行遍千山万水，看透聚散离合，也无法在流转的情感面前做到安之若素、波澜不惊。

那些深情相许、不离不弃，不过是轻描淡写的一笔，一个转身的距离，便再也不见。生命中，总有一段记忆是流年里无法言说的疼痛。

到底是深秋了，落叶纷飞，飘散。

真想，在这个夜里做个好梦。如此，便可与你相遇。

静守流年

你来我往，红尘几许？我坐在时光中，数着岁月的过往，与岁月淡淡地相守。

禁不住思绪的弦，撩拨着久违的感觉，起身，相望。

突然想起了什么，心情渐渐地泛滥。

时光就像一条河，从我们身边悄悄地流走……曾经，用所谓的青春换来一地的碎梦；生活，很真实，也很无奈，它戴着妩媚的面具。生命承载着那么多的岁月印痕……

青春是用来挥舞的，生命是用来拼搏的。很多时候，我们却早已忘记，只是徒增了岁月的年轮。

生命的历程，收获无论多少，这一路的行程无不诠释着灵魂的涅槃。曾经，未来遥远得没有形状。痛并追求着，何尝不是一种修为与快乐？

倚在年华深处，驻足，凝望，以时光作序，描写流年的光阴。生活有太多的无奈，或许我们应该乐观些、淡然些。

时光，总是在不知不觉间倏忽远去。

越来越喜欢沉默。一个人走在熙熙攘攘的人群中，走着走着，似乎找到了新的方向。

好想一个人去远行，去海边踏浪，去原野吹风，远离城市的车马喧嚣与人来人往，去感受那唯美的风景。

常常感叹光阴，感叹流过的时光、走过的路。

细数过往，看一世美丽年华。就这样，安然地沉浸在其中。

静享这份悠然的独处

一个人静静地待在一个角落，静静地听一首歌，品一杯茶，在空灵幽雅的旋律中舒展心事。守着这份淡雅的心境，去感受大自然的唯美，沉了心，淡了浮躁。

享受孤独与寂寞，也是一种幸福。于是，将一颗静心安放在岁月的光阴里，在独行的路途上，看浮华烟云。只有在这个时候，才能真切感到自己是那么的与众不同。一个人看深秋的晚霞，有淡淡的清愁，也有浅浅的欢喜，伴随着秋风，享受着这份独处的美景，别有一番韵味。

落叶飘零的季节，那些被风卷起的往事浮现在眼前。一个人独自行走，因着季节的变化，往事渐起。

在深秋的苍穹下，独处总是被注入深深的感情。我任由梦境延伸，因为我知道在那遥远的地方，一定有我想要的风景。不论前方的路途如何坎坷曲折，它都是我人生寻找的驿站。

在一个人的路途上，学会了拥抱自己，给自己温暖。懂得了生活，生活也因此变得精彩。

许下的诺言已随风而至，尽管季节有些萧瑟。在一份宁静里，思绪将幸福拉伸延长。

一个人就这样在清秋的安宁里，浅浅地、淡淡地、轻轻地安抚游走的灵魂，静静地享受这份独处的悠然。

静夜思

夜，释放着更多的空间，能把老去的岁月，一一拾起。

夜，苍茫而厚重。

冬天的夜来得快，且长，且寒。

夜无言，以宁静的姿态拒绝世界的喧哗。夜空，是哪颗星打入黑暗的内部，让黑夜变得如此明亮？

黑夜里不是看不到光明，只是少了仰望光明的角度。其实幸福无处不在，只是少了感觉幸福的心。

处于当下，必将长途跋涉，在弯曲或坎坷的狭路中艰难地行走。

静夜思，所有的一切在夜里都归于沉静。

静夜思，思一处景，追溯往事，心怀感叹。

几多感慨，几多沉积。悠悠的风吹落了雪。

今日的冬夜，在一朵朵雪花里烂漫。静夜里的雪飘飘洒洒，是那么的美。在静夜里看雪，总会捕捉到新鲜的灵感。

冬天的声音，重又响起。我对这个冬天的声音，有了不同的感觉。

夜已深沉，有一种声音，惊了心。

我将心思投入到夜里，找寻岁月给予生命的模样。

静夜，有潮水袭来，我把烦恼抛掷到浪里，把希望安放在礁石上，看潮来潮去。

聆听，午夜悠长的岁月

夜幕又一次静悄悄地落下，周遭还是一如往昔的沉寂。

喜欢在夜色渐浓的时候一人去追逐午夜的脚步，借着午夜的星光，感受一点点心事流泻。

不知是何时迷恋上用文字来叙述自己的故事，感觉很是奇妙，因为在青春年华里有了文字的相伴，真的就不再感受到孤单。

一幕幕的过往透过笔尖在脑海里浮现，关于流年里的那些事，在夜深之际，轻轻地封锁在青春的记忆里。

青春是两个美丽的字眼，只因有了文字的陪伴，单调的季节因此多了几分美好。在踽踽独行的张望里，我学会了用青春的彩笔将无可奈何的心境渲染。

静静的午夜来临，那些曾经遗失了的美好在青春的河流里，噙含着苦涩的泪水，任由思绪奔流。我怀着对未来的殷切期盼，把悲伤化成一曲耐人寻味的歌谣，在每个午夜来临之际，一人独守着青春的寂寞，静静地去聆听午夜所独有的悠长岁月……

流年印记

记忆划过流年，于时光深处。青葱的时光、懵懂的岁月，在红尘里渐次呈现。

眸光流转，忽然，我惊觉，时光的飞逝竟是这般无情，匆匆间，换了流年。

夜色阑珊，周围安静得似乎可以听到时光远去的声音。一直有些零零落落的事情安静的盘踞在心底。

流年的窗口，一些人、一些事，都在记忆里若隐若现。我仿佛在一瞬间就度过了所有的光阴。不经意间，就这样走过了一季又一季。

我于平淡的流年里，背起禅的行囊，独享一份美好的时光。

许多事，经历了，才懂得；许多梦，沉淀了，才美好。

流年的光阴里，那些飘到云端的梦、那些滴到尘埃里的念，悄悄地遗落在时光里。

生命，究竟需要经历多少风云？岁月在时光中，留下斑斑痕迹。

回首那些走过的路、遇见的事，如同滔滔江水，一去不复返。

我时常在想，如果让我重走来时的路，我是不是还会有当初的精神？

时光，让情感一点点地堆积，沉淀了所有的记忆，让过往成为永恒。

我想，站在光阴的转角处，守着灵魂，便是最好的懂得，也是馈赠给生命的绝美风景。

妈妈的手

妈妈的手，粗糙、黝黑，有很多老茧和伤痕。看着这双手，心不禁疼痛起来。这双手也曾经十指纤纤，温润细滑。如今，却早已寻不到当初的模样。

爸爸在外工作，田里的活几乎都是靠妈妈的那双手。播种、除草、施肥……爸爸能帮上忙的时候很少。有时，妈妈累得连说话的力气都没有。

春播秋收，妈妈起早贪黑地在田地里耕耘，一天天、一年年，就这么循环往复地重复着，辛辛苦苦地劳作。妈妈的那双手，不知被扎过多少刺，被割破过多少次。特别是在雪花飞舞的冬季，她那双皲裂的手还要在冰冷的水中，承受刺骨的痛。

日出而作、日落而息的日子，辛苦与劳累可想而知。妈妈劳作了一天，回家后还得做饭、喂牲口。在我的印象中，每天起得最早的是妈妈，睡得最晚是妈妈，每餐最后端起饭碗的还是妈妈，每餐吃得最差的仍然是妈妈。妈妈，好像是永远不知道为自己着想。

凝视着妈妈的那双手，不禁感慨万千。那黝黑的表层不知凝聚了多少时光的沉淀。也许，每一位母亲都有一双这样的手，为了子女只愿奉献，不求回报。也许，倾心付出就是平凡母亲伟大的爱！

母亲的双手，赐予了儿女一生的暖。面对母亲的倾心付出，我们做儿女的又能回报多少呢？！

描摹生活的色彩，挥别远去的时光，再也找不到天真的心境和足迹。在成长的路途上，时间的年轮将一些过去记忆积淀在自己的回忆里细数。

一个人的时候，总喜欢静静地吹着风，仰望天空稀疏的星星。现在的自己不觉恋上了夜的安静。

昨夜的梦再一次被翻起，我被困于情感的囚笼，有一种欲罢不能的疼痛，心情被蒙上了一层灰尘。

眼泪在患得患失中收不了，情绪被翻涌的波浪搅乱。

我的感慨，是一路走过的姿态；我的舞台，是一种专属的精彩。青春的脚步，留下一串串足迹。

我将希望渲染成缤纷的色彩，描绘出未来。青春是一支小小的笔，有着记不完的日志。或许有那么一天，它可以写出一个美好的愿望，带给我们无限的意外。

微风吹来，如一股溪水在心里静静地流淌。游荡的心情，慢慢地靠了岸。

生活，记录着往事的片段。

我在岁月燃烧的熊熊火焰里，渐渐明白了生活的意义。生活的意义在点燃的岁月里。

那些远去的乡情

故乡的记忆是一缕云烟，总在每一个静静的夜晚升起。

总有那么一个熟悉的场景，会在某一个瞬间，在脑海里涌现；

总有那么一些沉积的往事，像流淌的小溪，荡起些许微澜。

五月的风，轻柔，吹拂着心帘，飘远。

思绪，就在这一刻蔓延……

那些陈旧的故事、那些逝去的流年，又依稀呈现。在这个五月，仿佛又闻到了田野上的麦香。

故乡的味道，醇厚、绵长……

无论多少年，无论走多远，故乡的水、故乡的山、故乡的泥土，无一不牵扯着你的心弦。那一缕乡情一幕幕展现在眼前，是那么亲切，那么熟悉。

故乡的记忆里，永远不会忘记的就是母亲。母亲勤劳忙碌的身影，一直在脑海里……

在母亲的眼里，儿女无论多大，都是永远长不大的孩子，一声责怪、一声唠叨，无时不是在牵挂你、关心你。每次离家，母亲总是站在门前，目送我远去，直到再也看不见。回转身，心里总是一阵阵的酸楚。母亲是真的老了，满头银发，满脸褶皱。

岁月远去了，远去了，那些曾经稚嫩的模样。

光阴里的故事在心灵的原乡里。童年的记忆、青春的时光，在心上。

很怀念那些青涩而又绮丽的青春时光。很难忘那些远去的日子。

那故乡的土屋、爬满屋檐的青藤、门前那几棵杨树……都会勾起你浓浓的乡情，把你带入遥远的曾经……

那些难忘而纯真的岁月追忆起来，有一丝苦涩，也有一丝甘甜。

经年的风雨，增了几份沧桑，多了一份乡恋。

暖不再，秋意凉

秋，越来越凉了。我的心，如瑟瑟的秋风。心，带着无助，在雨中。

雨，淅淅沥沥地下着，到处都是它飘逸的样子。我的灵魂不知道为什么随着雨，突然脆弱起来。

心，如秋雨，落在灵魂上，流淌着殷红的鲜血。

多少次，这样在飒然的秋风秋雨里，心事惆怅，百转千回。心，被一次次地伤害，已经千疮百孔。

付出一次次被践踏，一次次被摧毁，内心深处只剩下无奈和心酸。

一个人踽踽地独行着，那些美好的梦想支撑我走在生命的路上，虽然，天气有些凉了。

我相信未来一定是美好的。

不管心情多么烦乱，还是会努力地安慰自己。凝望着秋雨氤氲的天空，梳理着情绪，端坐着，陶醉于这悠悠的秋韵中。

信念，让受伤的灵魂在孤单的时候，不再疼痛。我的心向往美好，那些美好是我的愿望，也是我的期待。给生命多一点色彩，就会多一点希望、多一份幸福。

有所向往是因为心中有着对美好事物的渴望与追求。

期待在希望中

　　微风过处，律动着心中难忘的记忆。眼前的路径经过春，悄然成荫。阡陌之上，两行脚印，定格。

　　初春，许多事情还停留在视线里。

　　回忆一段时光，竟是这么的简单，却让我一瞬间怅惘了。如果一切可以重来，生命是否还会有那么多的遗憾？

　　无论生命如何，我们都不该有过多的幻想。我于迁徙的时光里，捡拾最美的光阴。

　　支撑着自己生活下去的人生态度，抑或是自己的另类选择。

　　我想，我已深悟了孤独的境界。

　　孤独，又何尝不是一种美不胜收的风景呢？一个人静静品尝孤独的滋味，有风也有雨。

　　是谁的感慨，惊醒了梦中人……

　　生命若可重来，我会更加珍惜每一个晨起的日子。你是否慢慢地少了几许神伤？

　　岁月迁流，光阴成河，远望静思……我触摸到了脉搏的跳动……

　　我不知道生命有多少年华可以挥霍，期待就在下一秒的希望之中……

浅春三月，安然前行

三月的雨淅淅沥沥地下了一天，丝毫没有停歇的意思。

一场春寒的降临将原本接近夏天的气温降到冰点，冷空气携带着雨雪而来，让我从暖春回到冷冬。这天气就像人生一样，时而温暖，时而寒冷。

突然间，心情莫名地忧郁，只想一个人静静地待着。或许，人生太多的不如意，唯有一缕春风才能解百般忧愁。

或许，自己真的是误入了忧伤之中，愉悦不了自己。世界之大，不知可有身心自由舒展的一席之地。

一种累入了骨髓，染了整个身心。

人生是一个慢慢煎熬、慢慢修行的旅程。每一步的煎熬，都是一次跨越自我的成长；每一程的苦难，都是历练人生的进化。

我知道，人生的路多是坎坷的，所以一切苦与痛自己都在默默地忍受；我知道，每个人都有自己的无奈与烦忧，无论何时何地都要挺着自己并不坚硬的脊梁，独自面对；我也知道，每个人都过得很不容易，所以不愿意让身边的人因自己而伤心难过。我希望，我的心情亦如这无边的春色，明媚生辉，心生欢喜，烦忧尽消。

浅吟青春，陌路微笑

明天你将远行，踏上一方陌生的土地，开始一番新的征程。

离别的时候，每一句话都是那么重要，句句碰撞着心灵。轻轻地说着离别的感言，每一句话都显得那么珍贵。

青春带着简单、纯真、热情，出发了。

我们一如天上的云朵。

我们不认识这个世界，也不认识自己。原来以为的事情是痛彻心扉的伤。

经历了那么多，也许你会困惑。与其用一颗忧伤的心看世界，不如用一颗快乐的心经历人生，用一种欣赏的心努力生活。

人生确实有很多遗憾，人生确实也有很多无奈。正是因为无奈，我们学会了忍耐；正是因为遗憾，我们学会了珍惜。生活里并不是烦恼太多、坎坷太多，生活里也不是没有希望，只是因为我们少了一份希望。生活里也并不是幸福太少、快乐太少，而是因为我们心里多了一份悲伤。

每一次季节的变换都是一个新的开始。

细数岁月，感慨万千，不知经历了多少次苦难，忍受了多少次伤痛……

坚强地活着，才有治愈伤口的良药。在痛苦中、在失望中，慢慢学会了坚强。

人生最珍贵的、不可缺少的东西，就是精神。人生没有重复，唯一能做的事情就是用心去体会生活。

生活需要我们不断地遗忘，不断地记住新的，忘记旧的。

或许，学会放下，心，才会自由。

我们在青春的路上留下了深深的痕迹，未来的路还很长，一直在延伸……

青春在记忆深处

在盛夏里，那些快乐的事，被大雨冲击得荡然无存。孤独、悲伤、痛苦，不断影响着我的情绪、堵塞着我的心灵、遮蔽着我的眼睛、蚕食着我的生命。

伤感的心比黑夜更暗，看不到一点星光。我落在情感的冬天，我的心湖开始结冰，灰色的藤蔓缠绕着我。

我不明白，为什么我会如此落魄、如此凄惨。我用青春追逐美好，在青春里尝遍了所有的寂寞与伤痛。

青春，表面看起来光鲜亮丽，其实，有着不为人知的痛苦。流泪的心，如生命里一道难以愈合的疤痕。

那些痛苦的事、悲伤的情，如悬在半空的浮尘。

青春，五彩缤纷，多姿多彩。每个人的青春都有不同的颜色、不同的味道、不同的形状。

青春，有着自己的成长与收获、喜悦与痛苦。

青春，是一程美丽的风景。

我人生的青春已经远去了。人到中年，才发现，青春是如此的美好。

情浓，一帘幽梦

一声知了的鸣叫，仿佛突然叩开了夏日的门扉。

徘徊在仲夏里，已记不起自己究竟有多久不曾涉足那熟悉的乡间小路了。

现在总是会不经意地回想起过往，一颗善感的心惹得情绪开始跃然。总是无法逃脱心中的愁苦，一路走来，有多少遗失的、回不去的昨天？

聒噪的知了声又一次在身边响起，起落无常的心在此刻空落落的，曾经固守的感觉已游离于身体之外。

沐着盛夏里的热情，我执着地游弋于梦的彼岸。触及过往，汗水不时顺着脸颊在悄然地流淌，在这滴滴落下的汗水里，闪现着另一种意念。

置身于这喧扰的夏季，突然念起了故乡。虽说外界有着无限的美好，可这颗善感的心终究还是无法将家乡的一切忘却。也许思乡总是多伤感，可是，也唯有身在他乡之时才会感到那份思念的悠长。

思念那么重，我在异地他乡把留有的记忆一遍遍梳理，思乡的情一次次把故乡的名字默念。

我踏着星月的青光，咀嚼着思念的味道，在深夜里留下一帘的幽梦。

秋日，岁月静好

秋日，我站在秋的旷野，闻着秋的味道，看着那些野草无边无际的，心情就会豁然。

秋，沉静而魅惑，隐藏着细细密密的心事。我感觉，饱满的秋是有思想、有灵魂的。

不经历季节的更替，就不会有秋天的到来、秋天的收获。

秋日晴好，心思澄明。很想勾勒一幅水墨画，表达一下经历无常、不忘初心的做人本色。

我要将那些无处倾诉的情感表达出来。

生活，本来就过于烦琐，选择逃避，又能逃到哪里去呢？一个人退到任何地方都不能摆脱生活的羁绊。若无路可去，就退守心灵吧！让灵魂保护生命、守护生命、释怀生命。在精神的领域里开辟出一条曲径通幽的路，就会有花草树木、山川河流、蓝天白云！

那些诗和远方、梦与憧憬，就在生活中。理想与现实、爱情与生活、身体与心灵，无不困扰着人们，折磨着人们。这世间，怎样的修养与智慧才能婉约成大自然的风景？听秋风悠扬，弹奏一曲秋日恋歌……

秋天浓了谁的思念

　　时间过得真快，又迎来了喜欢的季节。喜欢秋天，更多的是喜欢一叶知秋的味道。秋天具有深韵的美丽，温婉的秋风吹来，撩起了我的心绪。喜欢秋天火红的枫叶，喜欢秋天惬意的凉爽，喜欢秋天累累的硕果。秋缓缓地向我走来，于是，我就深深爱上了这个季节，爱上了秋天。秋天，带给我别样的惊喜。在秋天，我读出了秋天的绚丽多彩，也悟出了秋天太多的韵致。我期待已久的秋如约而来了……

　　走在秋日街头，一些事、一些人，挥之不去。在秋天里与你相识，又在秋天里与你相遇。秋天，多了一分厚重，少了一分轻盈；多了一分清凉，少了一分燥热；多了一分眷恋，少了一分哀怨。微凉的秋风吹落枫叶一地。轻依时光，秋色，情染。我用一幅最美的秋画，描绘出对你的深深情感。悄悄地，秋就这样来了，有一片枫红，随风飘来，惊扰了心。秋，浓浓的情意，映红了每一片摇曳的枫叶。于是，层林尽染，漫山遍野，仿佛情韵一片天。

让缺憾，成为人生的美

生活之所以呈现美好，是因为背后曾经的辛酸。有些事情也许经过了才会懂得。

生活的美好就在那里，静静地等待着我们去描绘。

经过了季节的轮回，习惯了不同的风景。

在红尘的漩涡中，痛苦远远大于幸福。一直相信，真正的生活就是义无反顾地付出。

一直将美好藏在心中，也一直相信，生命中那些经历是生活的必然。

千回百转的意念中，虽然隔着千山万水，却在兜兜转转的期待中。总有一件事，在凝眸的瞬间刻在心中。

经过了伤痛的风雨，才知道真正的生活。

给生活留一份空白，才能在喧嚣中有一处宁静的境界。给心灵留一份空白，才能让身体有一处可以安歇的地方。

一路走来，有失去的感慨，有得到的感念。也许没有失去，就没有获得。

岁月，是沉静而优美的。这样的静美，是属于你我的风景。

生活就是在平静之中发自心底的对未来的奢望和梦想。也许你会对生活感到失望，其实这就是真正的生活。谁也不可避免地要面对生活中的一切。失望并不可怕，因为失望之中会有希望。真正的失望是放弃希望。

要让失望成为一种动力，要让缺憾成为一种完美。世界上有那么多美好，我们还有什么理由和借口欺骗生活？

人生，是一条艰辛的路

人生，是一条路，有风雨，有阳光。在风雨中坚强，在阳光下明媚，人生才会丰满。

我把生命里的每一段画卷雕刻，让生命的每一段旅程呈现。

为了生活，每日奔波劳碌。我们被折磨得面目全非，像蝼蚁一样生活。为了生活，为了自己，我们只能默默承受压力，屈辱地生活。

谁都希望自己生活得美好，有时候，我们只能默默地向往。

每一个人，都有自己的苦衷。

生活，永远不会一帆风顺，它夹杂着苦涩的味道。

光阴抹平了纷乱的故事，把生命里驻足过的美好在心底念了一遍，又一遍。

一些事一旦融进生命，就再也无法忘却。细数岁月，总有一些旧梦涤荡在心中，犹如一叶孤舟随行。

夜，像一条无垠的河，任由心底的那份情感缓缓地流淌。仰望天际，思绪走进时光的长河，那里漂流着曾经的故事。时间改变了时光，只是更多时候，我们走不出曾经。

时光的脚步让我重新认识了生命，没有春的明媚，又怎能有夏的灿烂？人生路上有了风雨，才有阳光。珍惜所有的感动，把每一份希望握在手中。

生命的路程短暂而艰辛，有喜也有忧。只要内心对生活充满阳光，生活的土壤里自然会长出绿色的生命。

人生静思

生命，在绿意青青里。

早春，我拥着风儿醒来。

生活的琐碎，不管怎么烦心或是忙碌，还是会给自己一些时间，让心静下来，休息，以润心灵。

不知为何，渐渐喜欢养一些花花草草。也许生活的极致就是这样吧！培养一些爱好，就会给生活增添一些喜悦的色彩。

喜欢默然地看待一切事物。

人生百味，静静地细品，才可通透，才可滤出至真来。

生活纵然繁杂，若心静，便可参悟出一些禅味。

一个人越过青山，蹚过绿水，经历时光的变迁，多了一些沧桑，多了一些岁月赋予的底蕴。

理解生活的实质不难。我于季节的轮回处，放慢脚步，感受自然的魅力。

握着生命里最朴素的一寸光阴，独念，岁月初心。

喜欢，伴着时光漫步，细细地品，慢慢地悟，感受一些况味。

这一路走来，何为尽善尽美，何为超脱？我要做一个默默耕耘的人，一步一步地走，不管身在何处。

世事耕耘，无须羡慕他人。任何时候，做一个有心之人，就是对自己最好的回报。

给生命一份简美，携清风一缕，描绘一山一水，就是生活需要的一种状态。

人生，只有经历了酸甜苦辣，才会真正感知生活的滋味。

人生，是一条不断跋涉的路

人生，是一条不断跋涉的路。在风雨中，我学会了接受。

生命的旅程没有华丽的盛装，只有一颗赤色的心。

每日为了生活，我被折磨得面目全非。

谁都想把自己的生活过得美好，我只能对一些事情默默地观望。

生活，永远不会一帆风顺，它夹杂着苦涩的味道。

纵然生活艰辛，依旧明媚于心，放松着自己的灵魂。

安静的时候，我总会把生命里驻足过的美好在心底里一遍遍地默念。

细数岁月，总有一些美好涤荡在心中。

夜，像一条无垠的河，任由心底的情感缓缓地流淌。仰望深邃的天际，思绪牵引着我走进往的长河，那里漂流着我的故事。时间从来不会为谁停留，很多的时候，我走不出曾经。

跟着时间的脚步不断地前行，我重新认识了生活。我也曾经苦闷过、孤寂过，也许每一次的磨难都是为了下一次的开始。如果不是在某一个路口，那场春雨里的一次落魄，又如何让我在这场夏花灿烂的季节里有新的际遇？人生路上有风雨的守候，才会有阳光的邂逅。珍惜所有的经历，抓住每一份希望，生活就会握在自己的手中。

生命的路程艰辛，有喜，有忧，也有期待。只要内心对生活充满阳光，那么再贫瘠的生活土壤里，也会长出绿色的生命。

人生有念，岁月极美

往事难忘，相思渲染了忧伤的情怀；红尘旧梦，流光涟漪了寂寞的心灵。清风拂过流年，看时光容颜，多少痴心揉碎了暗夜的宁静。人生陌上，谁的焰火温暖了你的眼波，渲染了你的流年？静思，凝眸，今夜月华如水，温柔流泻，思绪随清辉蔓延。红尘婆娑，疏影摇曳，人生有念。

寂寞的风铃摇响了流年的心窗，如一帘烟雨穿越了几世的红尘，幽幽而来。心如一座空城，落寞了几世的沉浮，在时光的窗口。有些念，终会在最深的红尘里遇见。

岁月的歌，在风起的云烟里回荡。

时光辗转，我守着最深的红尘，与灵魂重逢。

一波风雨，淋湿了荒芜的心，斑驳了流年。经年的往事飘舞在风尘中，被时光轻轻地拾起，握在手中。

思念，旖旎了流年最美的风景，在时光的掌心里。

窗外，月色撩人，寄相思。我于夜色阑珊中，点亮万里星光。

多少柔美的回忆，沧桑了经过的年轮。多少遥望的期盼，惊艳了回眸的风景。月光，在脚下流淌；相思，在心底蔓延。

灵魂寂寞处，那些经年的心语被幽幽地放逐。相思的河床里有你的身影，文字的殿堂里有你的驻足，你是我流年里惊鸿的一瞥。

入世·修行·修心

喜欢，将欣慰的、悲伤的每一次生活的经历，收集起来，细细品味。

人生，经历得越多，心境越淡然。

总感觉一个人，只需一颗务实的心，脚踏实地地生活就是一种收获。

人生，在一次次经历中有了新的发现、新的感悟，新的生活。

人生百味，冷暖只有自知。

岁月的老茧一层又一层，凝结着泪水与汗水。

淡然的心，抹平了岁月的棱角。

每个人都有不同的经历、不同的故事。

生活纷纷扰扰，只需有一颗安静的心。

很欣赏一种人，痛而不言的人生态度。在他们身上，你可以看到一个人深刻的精神。

一次次地跌倒，一次次地爬起，一次次地明了。

一个人的路走多远，取决于你的胸怀，胸怀有多大，路自然就有多宽！

经历得多了，生命的色彩才会包含底蕴。

在纵横交错的时光中，起浮过，也得失过。一份懂得，让心灵更加丰富起来。

生活中的现实压力，需要我们时时刻刻地调整，释放其中的不愉快，储藏一些愉快的能量。唯有这样，生命的步子才会越走越轻松，越走越充实。

生活的风景

　　时光在季节的交替中演绎着岁月，岁月的河流滚动着，承载着历史的流沙。人生的旅途时常会遇到不同的风景，我们每天都在与不同的风景擦肩而过，人生会错过很多美好的风景。

　　不管生活如何，我们都不要忘记生活。记住生活，我们才能接受生活。

　　旅途错过的风景是生命的一个过程，生活需要你去感悟，人生的价值不是你拥有多少，而是在于你懂得多少。生存的价值在于承受生活。如果你远离了生活，生活就会远离你。我们需要接纳生活，融入生活。生活需要你去热爱，只有热爱生活，才会发现生活、面对生活。人生总有一段日子让我们孤独、彷徨、无助，对生活产生怀疑。

　　人生经历风雨的洗礼才会成长，生活之美就在于珍爱生命，不浪费生命，对生活充满阳光。人生不一定要完美，但一定要生活精彩。

　　生活的苦难深刻了生命的足迹，给岁月留下一道道难以忘形的印痕。剪不断理还乱的往事，需要一份融合的心灵去梳理。正是因为生活的不如意，才打造了生命的精彩，使平凡的日子有了光泽。将心境勾绘成多彩的曲线，于行走中投于情、赋予爱，旅途的风景就会变得美好。

　　如果说生命是岁月谱写的一首歌，那么旅途的风景就是最美的文字。当我们用真情去演绎生活、感知生活，生活给予我们的就是一幅美好的风景。

生命的色彩

十月的清晨，我从一个冰凉的梦中醒来，身心在一瞬间泛起许多莫名的忧伤。

十月的流光在慢慢地倾洒着季节的变换。

这一季的秋天，对我来说是悲凉的，经历了太多的心酸，于是心情不由自主地伤感。一片片叶子随风缓缓飘落，我仿佛听到了生命被无端剥离而发出疼痛的声音。

生命中，有多少别离成了刻骨铭心的痛。红尘中，有多少匆匆的时光来来去去，不留痕迹。

季节的轮回是如此迅速，我总是来不及做好准备，新的一切就已经开始了。这个时节的秋，有饱满的情怀。我想，这才是秋天应有的本色吧？

生命，走过了酷热的夏，步入了凉爽的秋。只有经历过磨难的生命，才更加无畏。我们的人生就是如此。

相信每一个秋天的生命都有一颗无畏的心，否则怎么可能安然无恙地度过即将来临的寒冬呢？冬天来了，春天还会远吗？带着美好的憧憬，走在深秋十月的路上，心情豁然开朗。

伸出双手，凉风从掌间穿过，有一枚红叶落在手中，细细打量，发现叶子上满是生命的色彩，脉络分明，那么清晰，那么安静。原来绿色的生命里也曾流淌着热血，那不是它走过时光的痕迹吗？时光赋予每一个鲜活的生命以亮丽的色彩，总是会在季节的转角处，恰到好处地让它回归本真。

生命在蜕变中获得新生

生命，总要经历一段艰难的旅程，而这个过程就是旅程上的一段风景。人生，经历过，拥有过，也失去过。一些遇见、一些记忆，总会在平静之外撞击着心湖。

心思穿过茫茫黑夜，无限延伸着，以最美丽的姿态展现在眼前。

如果你是孤独的，孤独，也许就是一种难得的享受。它能让你在喧嚣中，安享一份简约和平淡的氛围。

无声无息的光阴，淘洗着心灵，让我渐渐懂得生活对生命的意义。人生最打动人的行为就是你还活着。每一次的进步，都证明你是在为生命而生活。生命有限，精神无限。有几个人可以记得自己立下的誓言？艰难的历程是否磨掉了你曾有的锐气？如果没有，那就让它成为一道亮丽的风景，留在记忆的深处。

深深地懂得，所有的经历都是人生的一个过程，无法躲闪，无法逃避。

走在人生路上，即便凋零，也要风姿绰约。人生的每一次新生，都是一次经历痛苦的蜕变。人生在一次次蜕变中获得了新生。

时光，一直很安静

时光，走过春的明媚，进入夏的烂漫，来到静美的秋日。一颗心在岁月的磨砺中，渐渐学会了适应。

人生应有顺应自然的姿态。

我用平和的心境、纯净的心灵，感悟生命中的点点滴滴。让生命少一些幽怨，少一些负累，就会使自己的心灵多一份安静。

生命的美丽形式就是简单的生活吧！简单地生活，心灵更贴近自然。

人生路漫漫，我一直在追求。前行的路上风雨飘摇，身心疲惫。

时光是那么的安静。我安静地生活，安静地思索，让生命中最真的底色呈现。

岁月的记忆停留在遥远的过去。那些流逝的往事，在内心深处触动了灵魂。

很多时候，面对人生，也许我们需要的就是一点点恬然的心境、一点点随意的心性。

夜很静，一颗心终于可以清闲下来了。在繁忙的工作与琐事之外，或许就剩下此刻的清宁了。

一个人，只有在安静时候才能真正感觉到身心的轻松。

生命的意义就在于此。

时光静静地流淌着，不知不觉地，时间悄悄地溜走了。我于静中滤去喧嚣与浮躁，浸润出丝丝的清凉。静的世界是美的。因为静，有了韵致，也因为静，有了风骨。

一直很喜欢在这样的境界中，携一片旖旎的风景，剪一缕清风，让寂寞的灵魂，遇见属于自己的青山秀水。

时光长廊里的记忆

今夜，很静，我搭乘着孤独的列车，缓缓地前行。一路上没有风景，只有挥之不去的阴影。不知不觉，走到了时光泛黄的驿站，曾经的画面，重现。

一场心灵深处的感悟，如萌动的初春，呼唤。

记忆的天空里有一个故事，在心灵的深处，始终重复着。

那些没有走远的记忆，在每一个月色星稀的夜晚，在心底泛起仿佛昨日的影子，就在眼前……

流年里的记忆，在风中、在雨中蔓延……

一阵风、一场雨，不经意间，总会触及时光里的往事，总能牵扯起一段记忆。

或许，人生总是过于匆忙，来不及多想，已物是人非；或许时光总是过于深远，来不及品读，已悄然走远。光阴悠悠，人生漫漫。

一个人远望天际，不禁感叹。或许，只需将心情融入自然，便是最美的优雅与从容。

曾经的岁月已经走远，飞扬的心慢慢沉淀，不知从何时起，习惯了用心聆听心事，在久远的故事里沉默。

在时光的长廊里，一次次地把你从记忆深处抹去，却又一次次把你念起。世上总有些事情，会成为时光中的永远。

遥望岁月过往，那些溢满馨香的故事在有风的夜里，升华出一段美好的剧集。

谁的人生不繁华

　　谁的人生不绚丽？谁的人生不精彩？其实人生的精彩是磨砺出来的，不是每个人天生就有非凡的能力、绚丽的人生。

　　精彩的人生需要自己创造。对人生要充满希望，充满探索的精神。你的人生丰盈了，你的生命也就光彩了。

　　人生的路，尽管遥远艰辛，但沿途的风景足以丰富我们的眼界。

　　生命，因为有一颗红心，愈发光亮。我的生活，也因此变得繁华。

　　人生，因为有了目标、有了精神，而变得与众不同。

　　人生的精彩，在拼搏的意愿中。如果你有无畏的精神、不屈不挠的志气，定会有不一样的人生。

　　我的目标就是我生活的动力，引导着我前行。我心中的理想就是我人生的希望。

　　我的人生境界就是丰富我的心灵，绚丽我的人生。

　　假如生活中失去了你，我的生活将失去意义，无所谓繁华。假如没有你的支撑，我的人生就不会有光彩。你的存在，就是我的方向。

　　谁的人生不繁华？谁的人生不绚丽？人人都有繁华的人生，人人都有绚丽的经历。迈开自己的双脚，前面就是繁华灿烂的世界，前面就是你的人生之旅，未来就在前方。你的人生一定绚丽多彩，你的人生也一定繁花似锦!

人生各有目标,前行的路上都会有繁华的风景,不知你是否已开启了人生之路,路就在你的脚下!

思念的痛

走在三月的风里，心随烟波追云翼。

我深深地领悟到离别是多么残酷、多么痛苦的事。

走入无人的荒地，我忍不住一次次地回眸。心在痛苦的边缘，渴望着那一份缥缈的美丽。

在风中，想起那一句句真挚的话语，紧紧地揪住了我柔软的心，让我不忍挣脱这深深的牵绊。

你我的相遇终沦为美丽的擦肩。对于你，我在梦里不知念了多少遍。

念你，你可知？我堆积在胸中的心语是那么多。

春又一次来了。你可知，我独自在寂寞里倾洒无尽的留恋，莫名的伤感悄然地开？

我好想拽住岁月的衣襟，与你再一次重逢。

我好想借一把时光之剑，把生命里的忧郁挥去，让叹息不在枕畔纠集。

没有人告诉我，离别后，我们何时相遇。

流年的风景里，不复当年的绮丽。想你，却触摸不到你；低头，我总能看见你留下的清晰印迹。

我就像离群的孤雁拥着自己落寂的影子，在被遗忘的时光里孑然起舞。

真的很想轻扯一缕白云，写上我的期待，飘过你的天空时，你能凝眸望见我的心思。

　　在这乍暖还寒的季节里，我的思念乘着寂寞在飞……

　　知道吗？我还在等你！等你循音而来，等你不约而来……

　　我穿梭在记忆里，不愿抽身，忘了归途。

　　这一刻，我伫立在回忆的雨里，淋湿了自己………

素心若雪

今年的雪好像预约了一样，比往年来得似乎早了些。一场绵绵的冬雨终于化作漫天飞雪，纷纷扬扬地飘落下来。

秋的脚步还未走远，冬已经匆匆地来了。时光总是这样仓促地前行。

喜欢空灵的雪，于苍茫的尘世间寂静而来。仿佛刹那间一个繁杂而纷扰的尘世，变成一个雪白的世界。

记忆中，童年的冬天总是与雪相连。厚厚的积雪踩在脚下吱嘎作响。堆雪人，打雪仗，用冻得通红的小手攥了雪球吃，在雪地里滚打摸爬，奔跑着欢笑着，却不感觉冷。有雪的日子里，总是快乐的、疯狂的。

时光飞逝，还记得那时少年的你一脸灿烂的笑，牵着我的手，在雪地里跑吗？那一段纯白如雪的时光虽然已经远去，却总会在每一个飘雪的日子里，踏着纯白的雪款款而来。

窗外，雪还在簌簌地下着，那声音很软软的、很轻柔。这飞舞的精灵是那样洒脱，洁白而轻盈，无拘无束地在风中飘然。

秋去冬来，只是更改了旧日的时光，偷换了昨日的容颜。那些纯白的记忆、那些青涩的过往，早已在时光中静止。

很多时候，我们以为自己还年轻。很多时候，我们以为自己还未老。就这样，不知不觉地做了岁月的奴隶，耗费了时光。

辛辛苦苦地行走了这么久，终于可以停下脚步歇一歇，听听落雪的声音，听听内心的呼唤了。很多时候，真的很难做到心如止水。正因如此，才向往雪的洁白、雪的安静、雪的轻盈和雪的自由自在。

很想，此生，能够像雪一样洁白轻盈，活出一份淡雅的境界。

岁月静好安然

　　过去的日子，无论是欢喜，还是悲忧，都是最真实的生活，是人生路上的一道美丽的风景；过去的岁月，是人生路上一段不可抹去的人生印记。

　　无论收获多少，都该为自己喝彩。在过去的时光里，经历了那么多的人生考验。

　　时光，静静地流淌，日复一日，年复一年，流动的光阴留下多少故事。不觉已是经年。

　　忧心的日子，如被千万条忧愁的丝线层层包裹，令人窒息。

　　我沉浸在时光隧道里。

　　时光，不知不觉地在我们的身上雕刻下它的印痕。

　　生活的烦恼困苦总是接踵而来，诸多烦忧无处诉说，也无从诉说，只能幽幽地叹息。

　　晨雾蒙蒙，飘飘洒洒，密布了整个天空，灰暗一片。

　　人累了，需要休息；心累了，需要放下。好的身体、好的心情，才是生存的资本。

　　总想以明媚的风姿笑对人生的每一天，却终究无法淡然面对人生的坎坷；总想以优雅的身姿走过人生的每一季，却终是无法安然地应对人生的凄风。

　　我倚靠在光阴的转角处，独享这一刻静谧的时光，静静感受微风的轻柔，细细品味这静默的时空、特有的心情。

时光里的风景

时光留下一道道刻痕，那些属于我们年轻的记忆，斑驳了年华。光阴的故事里，心灵需要一份感悟。生活丢失了太多的美好，我们需要一份宁静，呵护温暖自己。

岁月，流淌着美丽的过往，翻过一页一页的时光，释然了孤独的心。忧伤的曾经，是过往的风景。

时光染红了秋叶，点点滴滴，在光阴似水中。微风，细数落叶几片，留下一份不舍的念。

时光如梭，岁月匆忙。慢慢地习惯于安静中，享一段岁月。

经年的沧桑，于岁月的旅途。年华渐老，难忘一些旧事。

人生，随着时间的流逝，一些旧事渐渐散落在路途中，留下深深的沧桑。

在时光的一隅，我眷恋着那些远去的风景。

在平平淡淡的生活里用一份情怀品读人生，寻回初心。

仰望天空，云淡风轻。这一季的秋是久违的成熟。不变的情怀在似水的年华里，记忆愈久弥深。

人生起起落落，岁月的风吹过，安静地聆听年轮驶过的轨迹，静默地与心灵对话。

在如诗的岁月中，将最值得的故事珍藏。

用一颗宁静之心对待生命，轻轻翻阅时光的经卷，那些写在流年里的往事，犹如清风。

岁月静好

时间总是那么匆忙，很多时候，不知不觉就过去了。

日子就是这样看似无情，却也沧桑有痕。

岁月不待人，在抬头扬手之间，有些东西就隔到了光阴的对岸。我们习惯数着时光，念着从前，可那些似曾相识的岁月里，又有多少过往可以重来？

不知从什么时候开始，只愿日子慢一些，时间长一点，曾经多么不以为然的衰老，就这样漫不经心地来了。有人说当你的心靠近衰老的时候，也许你是真的老了。

人到了一定的年龄，就会喜欢回味过去。

人生，不期望每一天的阳光都是明媚的。只希望困惑的时候，懂得为自己开一扇窗。生活，也许会在最苦最难的时候释放出不一样的光彩。

世界，处处皆是景。在檐下听雨，心是诗意的；在草原漫步，心是宽广的。如若对生活怀有情感，人生就会有足够的优美。

日子匆匆，在我们的感慨中渐行渐远，尽管我们不喜欢告别，依然会有别离。只有告别过去，才会拥有未来。尽管有的时候会有彷徨，但你必须重新开始。

生命的路口，总会有新的遇见。走过的路，有孤独，有无奈，也有喜悦。岁月未曾绕过我，我也未曾绕过岁月。我轻轻地伸出手，与流年作别，把希望别在衣襟上。

岁月深处的温暖

一场冷雨过后，冬天悄然地来了。季节的更替总是让人无端生出一丝惆怅。过去，在流逝的岁月里，带着些许的遗憾。

岁月会在某个时刻停下脚步，让人沉静下来。

静心感受光阴是如此的美好。

时光是一首深情的诗，隐藏着心灵最深处的风情。

走过千山万水才发现，触动灵魂的景致。凝视，年华变了模样。

人生一世看似漫长，实为短暂。人生有太多的情非得已。很多事匆匆而过，隐入了远去的流年。也许，我们真正能掌控的，便是把握当下。

岁月悠悠，怀一份希望，就会握一份美好。

有一种温馨的感觉在冬的况味里，深深地叹息，还原了最初的清心。

在某个路口，因着某个契机，我开始了新的生活。这世间有太多的冷冬，也许正是因为这样才让我们更加珍惜每一天。

也许，看的风景多了，心的凌乱才会被妥帖地安放。

岁月因你无悔

时光如白驹过隙，不经意间，春风又伴着和煦的阳光扑面而来。

我走过春的明媚、夏的绚丽、秋的灿烂和冬的萧瑟，品尝到了生活的酸甜苦辣和人情冷暖，也感到了时光飞逝、岁月蹉跎的无奈。就在这段向着终点不断迈进的时光里，我步入了不惑。因为一路有你，用最真挚的情感于我的生命中陪伴着我，才让我修正了前进的方向和步伐。我知道，这一切只因你的爱。

感谢你默默地倾听我的苦衷，给我心灵的支持。

生命的路标上记录我的悲伤，记录那些过往的云烟。你给予我那么多帮助，你让我知道了如何在喧嚣的尘世，清守一隅湛蓝的天空，保持仰望星光的情怀。

你让我明白了生活，改变了我的人生态度，让我读懂了人生的意义。

因为你，我才真正了解了生活。

感谢你一路伴我迎风沐雨。你是我生命中不可或缺的唯一，因为你，我的生命增添了温暖的色彩。每处动人的风景里，都有一段与你婉约的邂逅；每个叠折的故事中，都有一隅与你唯美的相逢。是你，将我的生命延长。

春风徐徐，阳光灿烂，感谢你一路陪伴我，成为我人生旅程中的一道美丽风景。

往事并不如烟

一个人站在窗前，静静地看流云，蒙蒙细雨洒满心间。

往事似云，袅袅娜娜，挥之不去。平静的湖面，一旦触碰，就会扩散出，一道道涟漪……

过往，有一串留在心中的足迹，挥之不去。今天，我要延伸它的脚步。

往事，是散落一地的碎叶，零落成尘。

记忆如弯弯曲曲的长廊。走过的路，有落寞，也有欣慰；有快乐，也有忧伤。

在生命的长河里，有那么多起起伏伏，留下那么多不可磨灭的痕迹。

烙印陈迹，流光浮影。

时光漫漫，岁月红尘，我们有那么多沉浮的往事值得回忆。

时光渐渐地远了，曾经走过的路。

那些往事，风干在古道上，清晰可见。

生命，是静待一树花开的奋斗过程。

人生只有经历夏的酷热、秋的凋零、冬的严寒，才会迎来春暖花开。

流年似水，岁月翻过一页又一页。当回味往事的时候，希望你，多一些美好，少一些遗憾。岁月不会因为你错过了美好的时光，而为你停留。

望秋

秋之萧瑟，是季节留下的深思，是时空留下的感叹。

秋之萧瑟不是一种凋零，而是一种归于尘土的新生。

人生犹如一叶扁舟，承载着希望。我们掌舵着自己的方向，怀着期待和美好走过一个又一个春秋。

四季的更替，似悠悠漫步却又步履匆匆。也许有时候，我们有太多的放不下，以至于让我们脆弱的身躯超负，伤痕累累。

人间，没有谁可以将日子过得行云流水。但我始终相信，走过岁月山河，那些历尽辛劳、尝遍百味的人，会更加生动。时间永远是个旁观者，所有的过程和结果都需要我们自己承担。

我们总以为自己是坚强的，以为自己可以一个人扛起一片天，却不知自己早已是残缺不全、疲惫不堪。

生活，即使只有一分钟的休息时间，也要让自己归于宁静。

每个人来到世间，都是一次有限的漂泊。时光的驿站，有多少人可以停留。往事随风，静默深处，是落日的脚印一步一步走出的余晖。

回味流年，划过指尖的疼痛，在灵魂深处。

我们总是一个人奔波，一个人停停走走。

流转的光阴漫步于我们眼前，春去秋来，有多少记忆，我们来过，走过……

人生，我们每一天都在经历着，行走着，度过每一天。

秋瑟潇潇，我怀揣着波澜不惊的心境，淡淡地，静静地，念着，想着，遥望着……就这样沉浸于其中。

我的父亲

　　父亲经常会来看我，即使在夏天这样的高温季节里，也一如既往。家里有一片地种了茶叶，每年春天，父亲都要送些新茶来。今年，父亲送来的茶叶我却舍不得喝，更舍不得送人。这是我年迈的父母辛辛苦苦一片一片采摘来的。父母的身体越来越弱了，年龄越来越大了，皱纹越来越深了。我家的蔬菜、鸡蛋总是吃不完，父亲会源源不断地送来。父亲每次来我家都要聊上半天。他依然健谈，从左邻右舍的到村里的大事小情。父亲走时，我送他穿过马路，目送他一步步走远。看着父亲佝偻的背影，内心一阵阵的酸楚。我的眼睛有些湿润了。父亲回过头看我，眼里充满了慈爱。父亲老了，内心变得更加柔软脆弱了。在父母的眼里，我是个孝顺的孩子，可实际上我做得还远远不够。

　　儿女们长大了纷纷离开父母，就像小鸟羽翼丰满后纷纷离巢一样。父母依然在老宅蜗居着，我很想他们和我们一起生活，但因生活习惯以及其他因素，而一直不能实现。很想回家陪陪父母，就像小时候生活在父母身边一样。有多少个周末和假日，父亲在村口默默张望。每次回家，父母都会像过节一样格外兴奋。父母老了，他们需要儿女们常回家看看。

　　父亲，为了儿女默默地无私奉献，无怨无悔。

　　作为儿子，我深深地爱着父亲。他善良的性格和对家庭的责任感，深深地影响着我。现在，我也是父亲，同样深深爱着自己的孩子。我宁愿牺牲自己的一切，也要让孩子幸福快乐地成长，不让他们为我分忧。我知道我对父亲的爱与父亲对我的爱永远不会对等，就像我对孩子的爱和孩子对我的爱一样。也许将来有一天，孩子也会和当年的我一样远离家乡，他们也会有自己的爱人和孩子，也会像我今天这般偶尔想念他的父母。

我遇见了你

三月是具有梦幻和诗意的季节。

轻轻地，你来了，携一缕春风，吹开了一帘唯美的幽梦，为我带来一路的霞光，温润了我的心。

我遇见了你，纵然有秋的萧瑟、冬的苍凉，依然能看到红尘陌上的姹紫嫣红。如今，我拥有了你，哪怕日夜孤独也不觉寂寞。

是你，解读了我尘封的往事，读懂了我深藏的心语。

是你，让我深藏的忧愁，挥去了哀怨。

一曲知音，婉转了我的柔肠。站在轻柔的风里，对着暖暖的阳光，对你许下一份承诺。

红尘与你相遇，唯美了我的时光。我知道，人的一生真情来之不易，所以，我一定要加倍珍惜。我绝不会让我们的故事遗失在青苔上，也绝不会让我们的情感飘荡在风尘里。无论时光如何变化，我都会安然地保持一颗清心，把幽幽的心事置放于岁月的长亭中，让每一天宛如晨曦。

我在等待春天

　　冬天过去了，春天悄悄地来了，天气渐渐地变暖了，我的心也随之温暖了。

　　冬天的寒冷与萧条意味着春天的温暖与生机。人生如季节，走过寒冷的冬天，春天就不远了。

　　我在等待春天的到来！

　　春天，绿叶萌生，鲜花盛开，争芳斗艳。人人都在期待着春天的到来。因为春天，有春雨的滋润，有春风的抚慰。

　　有春天，就会有希望；有春天，就会有未来！

　　我的心花在怒放，春天的美景吸引着我。此时的春天，正是好时节。

　　等待春天，向往春天，是每个人的憧憬，每个人的希望！人生不能没有春天！

　　我们一直在等待春天，希望春天早日到来！寒冷的冬天太漫长了，太难熬了！我们需要春天的明媚阳光，我们需要春天的蓬勃气象，更需要人生温暖的春天相伴左右。春天终于来了。我一直在期待！我也一直等待这个春天的到来！

五月的时光

五月的风，暖暖地拂过脸颊，不知不觉已走过春天，来到了五月的时空中。

时光，留不住昨天。

时光，是指尖的流沙。握不住的年华来不及凝眸，就成了过往的烟云。被风蚀的岁月沉淀成心事，婉约了旧日时光。蔚蓝的天，氤氲着五月的时光。岁月悄然，时光荏苒。也许，时光依旧，只是远了曾经。

我们都在自己的时光长廊中，努力地拼搏着。我们是一株株无人知道的小草。

也许有梦才有快乐，有梦才有未来，有梦才有我们真正的生活。不管我们身在何处、身临何境、身向何方，都不要自卑自叹，裹足不前。我们不可能一帆风顺，我们的梦想支撑着、陪伴着自己成长。

我们的生命之桨不停地划动，才能"劈波斩浪，拨云见日"。"人的生命，如奔腾的流水，不遇礁石，就难以激起浪花。"在平凡之中不断完善自我、超越自我，才能让自己的内心强大起来。我们千万不要让黑暗的阴影奴役了心灵，干扰了生活。我们绝不能轻视自己。

"人不是因为美丽才可爱，而是因为可爱才美丽。"五月的时光悠扬。过往匆匆，回眸往事已如风。时光深处，我们遇见了谁？又结缘于谁？

　　也许生命的美，一直在时光深处孤芳自赏。你可曾记得这时光深处的美好，还有这五月的时光？

乡恋

每当春节来临之际，丝丝缕缕的思乡之情就会激起我心中无限的眷念。那份抹不去的乡恋，一想起就久久不能平息。夜阑人静，对月沉思，浓浓的思乡之情如洪水，泛滥。记忆中永远不变的家，成了我情感的寄托。家，有童年的故事、儿时的梦想。

乡情已经深深融入我的心，回家是永恒的主题。家，不是简单意义上的栖息之地，而是灵魂休憩的驿站。不论身处何处，故乡都是我们永远的家，是我们情感的归宿，那里有我们成长的经历，记录着我们的一段里程。故乡让我们热爱又熟悉，诱惑着我们回家……

熟悉的成长环境，任岁月如何冲刷，都无法从我们记忆里彻底清除。

在梦里，在日记的墨迹中，我一次次回到故乡。看时光流转，一次次尽享童年的欢乐。故乡，记忆中的生活永远回不去了。

我们曾经的理想就是远离故土，闯出一片天地。随着年岁的增长，无眠的静夜，思乡的梦里，落叶归根的念头时常浮现。家乡的父母日渐年迈，千丝万缕剪不断的亲情强烈吸引着回归的心。

在游子的心中，故乡就是母亲。我们也无时不在想，回到母亲的怀抱，可是碍于太多的现实因素，让我们不可能再一次回到故土，重新开始曾经日复一日的生活。虽然不能回到故乡，但那份乡情却永远流淌在我们心中，因为我们从一出生，就被注入了她的痕迹。

携一颗清心漫步

一个人漫步湖畔看夕阳，几缕晚风轻轻拂过，心间油然滋生出了一阵阵清凉。天边的云霞慢慢散去，喧嚣的白昼悄然退去，为苍茫的大地留下了一丝宁静。

远离纷繁的白昼，心在此刻也变得清净如水。在暮色渐褪的傍晚，丝丝清闲情意跟随我走入心间。微风轻拂，感受周围从未有过的沉寂，在一片寂寥里寻觅一份惬意。望着那已醉红半边天的夕阳，心情竟是如此畅爽。

目送晚霞渐渐从眼前散去，感受那些遗落在人们思维角落里的遗憾与残缺同样也是一种另类的美丽。

我望着天边的云霞，心间充满了无限期待，渐渐拾起那份被搁浅的心境，极力用心感受这一刻的美好，渐渐忘却了为之而烦恼的事情。静静闲赏天边的云起云落，惊羡夕阳的无限美好，不再怅叹。

悠悠的晚风再一次吹来，积云渐渐地消散，空气也变得更加清新了。

写给爱情

月色朦胧，这样的夜晚多了几许悲凉和浪漫。思念放在寂寞的夜里，安静地想你。

这一年又这样一个人独自走过，看着如水的日子从指尖滑过，有一种声音敲在心上，痛在心上。时光一去不复返，那流失的过往承载着太多的快乐和忧伤。

冷冽的寒风吹落枝叶……

思绪一点点地拉长。

你仿佛就在我的眼前。

轻轻地，你走了，带着我的思念……

望着你渐行渐远的身影，我明白，美丽的往昔只是水中月。所有的感情、所有的爱恋，都已经成为过去。

你就这样，轻轻地，走了！不顾我的感受，不顾我的眷恋，将我的心揉碎。

敏感的神经像烟花一样，撕裂着心。

长长的思念伴随着我对你的牵挂。

沉浸在对你的思念中，沿着你远去的方向寻你。

望月，痴痴地守候。我在蓝色的夜空里低吟。

时光的流痕在心底。情已成为过往，留不住，也挥不去。

过往的事，或许只能成为流沙。

一个人，还要经历多少次时光的颠簸？

这一刻，心底有透彻的冷，没有了温暖。

贪恋着一场美丽，痴恋着一种感觉，被迷惑。

伤感，如水似幻一般。

心路

芸芸众生，每个人都是唯一的。人生要一路向前，活出自己的风采。

路就在脚下，行走的方向和选择在于你。一个人走在风雨中，一边走一边感悟。

一生之中有很多路，不论怎样的路都是人生的一种经历。

今天走过的路，就是明天的路。一路跋山涉水，一程又一程，付出的艰辛与汗水唯有自己明白。

"睹万千山水，行万里路。"内心强大了，才能抗击无数的风雨，才能燃起生命的激情，才能在人生路上坦然地行走，无所畏惧。

人生因为痛过，所以深刻。从逆境转向顺境，是一个极为漫长的过程。

人的一生，就是一场漫长的旅行。

一路上风景无限，美好无限，精彩纷呈。

人生短暂，说到底，是一个人的坚强，不论旅途平坦还是坎坷，所有的经历都是一道不可复制的风景。人生最重要的事情，就是过好当下的每一天，多学习一点，多进步一点。

"世间本无路，走的人多了，便成了路。"人生的路，有成功，有失败，有落寞，有迷茫，有挫折……

行走在岁月中，需一步一个脚印地慢慢地行，谨慎地走。我思一程，悟一程，携一份洒脱前行。

心微凉

秋日，漫天晚霞。风过，让心情在这样的一个季节多了一份清凉。

思绪千丝万缕，在心底泛起波澜。一个人的旅程，有些茫然，有些惆怅，也有些惊喜……

这样的夜，美得让人忧伤。也许这样的夜对于孤独的人来说，便是沐浴阳光。

伤过，痛过，心渐渐地坦然了。

秋依旧用它最美的姿态迎接轮回的时光。

曾几何时，在茫茫黑夜里，对着月光反思。人生经历多少次苦难，才能找到幸福的彼岸？经历，就是为了迎接下一站的幸福。

今夜星光如此灿烂，记忆沉浮。从不曾后悔，在那个少年花季、雨季里走过的那一段段的路程。望着泛黄的照片，沉默，感觉那个年代是那么美好，青春洋溢，充满朝气，充满活力……

受过伤的心还会坚信，幸福就在下一站。擦干濡湿的泪，将受伤的心复原，在寒冷的夜，一个人沉默。

双手，紧握，流过泪的眼睛里，闪烁着美好的时光。

新的一年，愿我们越来越好

时光，从我们的凝望中，从我们的沉思中，从我们的期盼中，悄然而过。仿佛一瞬间，如水的光阴已经将我们冲击到岁月的彼岸。

每个人都有夙愿，每个人都有追求的理想，而且每个人都会有不堪回首的曾经。

这就是人生。

不是每一次的努力都有收获，但是每一次的收获都需要付出。要想见到远方的美景，唯有风雨兼程。

岁月教会我们，面对逆境，要坚强；面对痛苦，要微笑。

不是每一件事都那么顺心如意，也不是每一件事都那么艰难坎坷。一路前行，一路懂得了坚持的意义。

我只要快乐，不要哀伤，不管曾经发生了什么。

如果在黑夜里行走，请撷一缕月光；如果在冬天里跋涉，请举一枚暖阳。不要让风霜，冰冻了沸腾的梦想。

春风骀荡、绿柳如丝、花开绚烂的季节，就在前方。

历经山重水复，必然会迎来柳暗花明的春天。

修心

人生，纵使季节寒冷，也要心中布满阳光，温暖自己。

越是经历黑暗的人，越懂得珍惜阳光；越是经历挫折的人，越懂得路途的艰难；越是经历世间冷暖的人，越懂得生活的不易。这世上的每一个转角处，都弥漫着美好。我相信每一个生命都是带着夙愿的。有多少人甘愿做一株小草，默默无闻地生活？有多少人不想光彩照人地出现在这人间的大舞台上，尽现自己出尘的美丽？

生活从来都不是波澜不惊的，一直都知道，每一个内心强大的人都曾有过那么一段黑暗的时光。

日子，即使阳光明媚，内心深处依旧会有一个角落，是寂凉的。那个角落，是没有人可以轻易走进去的。

原本以为生活是简单的，在尘烟的熏染下，百味尽显。遇到过太多的诱惑，感受过太多的伤感，所有的经历都成为一道风景。

"生活中，无论你遇见谁，他一定会教给你一些什么。"所以，我相信：无论我们走到哪里，那都是我们该去的地方。

一直相信，我来到人间就是为了修行。行走于红尘中，尘世间的种种皆是一场修行。

走过了山川，走过了孤独的时光，终于明白，在红尘里修行，修的是一颗心。

许给夏，一个承诺

春已深，到处都是春的色彩。我在这五彩缤纷的春天里，享受着绿意盎然的生命力量。

春，绚丽多姿，美妙无比。那一叶一花、一景一物在春光里是那么美好。春天的大地处处怡人，诗意洋溢，给人们增添了一份温情和精彩。

当春潮向我们滚滚而来的时候、当大片大片的绿色铺展在眼前的时候、当一朵朵花儿热烈地绽放在枝头的时候，春的美好悄悄地改变了心里的那份低沉。于是，我们在生活中、在春天的暖阳下，奏出了心曲。

人们都在自己的生活中，日复一日地忙碌着。在忙碌的生活中，如何才能不忘初心？如何才能追求自己想要的生活？

在忙碌中，在向往中，我们一步步向着目标靠近。

岁月易逝，时光匆匆。当我们还陶醉在春的景色里，初夏已悄然来临。

生命如季节，趁青春还在、趁自己还年轻，请将人生的道路拓宽，托起生命的太阳。

面对人生，是安于现状，还是奋力一搏，这都取决于你的心。

在春光激滟的季节，无论你是忙碌的，还是虚度的，所有一切都将成为昨天的故事。

回望春天，心里多少有些依恋与不舍。谁都喜欢春暖花开的季节。一年年过去，哪个季节都不会为我们停留。而我们唯一要做的就是珍惜每一个今天，珍惜所有时光。

站在夏的窗口，望着远处一片葱茏的景象，许给夏，一个承诺：将每一天过得丰盈充实，将每一个日子写意成诗。

雪舞冬季，记忆风飞起

　　冬带来了飞雪，一片片洁白的雪花，飘舞着，引领着我越过时空；被风干的往事，回旋在记忆的脑海，静躺于昔年旧影里……

　　那段青涩的年华在岁月的车轮中，变得越发厚重；曾经守望着黎明踩着青春年少的脚步，歌唱……耳边又响起风吹过的声音。

　　久远的梦，在记忆的网中穿梭！

　　我拾取遗漏的光阴，静静地摆放在岁月中。波澜的心事合着岁月的风，斑斑每处，透着丝丝的凉意，在心中。

　　季节的脚步，如约而至，抵达心间。

　　踩着记忆中的青苔，潮湿了一地的碎念。风飞去了，记忆却未走远。掌心的流年似水划过，浮现着一季季的印痕。曾经，轻歌了一季初冬的雪。皑皑白雪下，雪舞情浓了整个冬天，让沉睡的大地演绎了一季荡气回肠的经典。

　　雪舞冬季，记忆风飞起；旧事里的篱笆墙，深了记忆，住进了眼眸里。即便风雪交加，在这个冬季，在这个素白色的天气中，我也会赴一场廊桥之约，舞动心曲。

遥寄月明，手揽相思

　　皎洁的月色，萦绕着千丝万缕的感触。独赏月色的静美，心中竟起了相思情。

　　思忆从前，不免要感叹一番了。今晚的月色一如往日的情感一样，朦胧又那么令人留恋，现在想起，依旧是那令人怀念。一份情，要珍惜，谈何容易？不觉间，便悄悄从指缝中漏掉了。是爱得不深，还是情之不切？

　　寂静的夜，一个孤影在暗自落寞伤怀。

　　如今的月色依旧令人痴迷，一如你眼波里的柔情，令人无法忘怀。默念这已近泛黄的情感，有太多的话语哽咽心间，不知是你的眼神澄澈了我的痴心，还是你的柔情细腻了这满弦的月色？久久地令我无法将你忘却。

　　无你的夜晚，夜色的静美已大不如前，任高悬的明月如何皎洁，我也不曾有太多的留恋。想来，风月真的与我无关，那么过往的一切就不会如此的纠缠。如果相见不曾恨晚，那一切重来该多好啊！

　　借着月色，怅然思索，几度离愁，苦在心间。

　　揽尽回忆把相思默念，月缺月又圆，你与我见或不见，结局已无从改变。

　　对月怅思的夜晚，太多往事已打捞不起，任一轮圆月把回忆点缀。掀下回忆的帷幔，遥望那一轮明月，希望那洒下的清辉里有你对我的眷恋。

一场落雨，纷飞了思绪

喜欢不疾不徐的雨天，时间也仿佛慢下来。一窗雨帘，一个人的空间。临窗而坐，看雨，听雨水刷洗覆于心上的灰尘。

在雨天，格外青睐做光阴的倾听者。一份意念流放，在这样的天气里，自己有一种躲不开的情怀，相牵于雨中。

思绪飘零，翻飞成雨。

阴云密布的天气，飘着蒙蒙细雨，空气中夹着几分凉。一朵朵的阴云飘过天空，将心调成了灰色调。我在等待一场倾城的雨，洗净心灵。意念像雨，落进曾经的日子里，每一年光阴重返的雨季，都会在心底泛起。

莫名的情绪，因为雨天，撕开了一道阴凉的口子。时间的缝隙里，回忆像冷风，猝不及防地钻了出来。有一种沉默，在一片雨声中。

雨水冲掉了白昼的浮躁，使夜晚更加宁静。落雨欢快的节奏，拉着纯净的灵魂在雨中奔放。

这个季节，因为雨水的充沛，时光多了些绿意。生活，也在自己的努力下，渐渐地充实了起来。

一次远行

一次远行，只是为了之前累积的许多美丽的想象。一个人执着地上路，就这样开始了流浪。我以潇洒的方式自由地行走，以生命怒放的歌声、以自我想象的追求，踏步向前。脚下的路在延伸……

在布满荆棘与未知的路上，我要经历更多有风有雨、变幻无常的季节。

模糊的风景变得清晰，我已经看到美丽的风景就在前方。我走在漫长的路上，忘记了辛苦，惊艳了一处处风景。

关于旅行，所看的、所闻的、所想的在心中默念了多少次，有太多令人向往的、温暖的、美好的画面吸引着我。黑夜，我与星星相伴，与溪水相依。

旅行的真正意义，在于经历、在于行走的过程。

在路上，身体承受的感觉是真实的那种状态。当下正在经历的，是经过情绪沉淀的真情与实感，曾经一直觉得思想一定在故事里，用故事来营造深刻的、暗藏的思想。

我想，第一个行者是凭着探索的心而远行的。我也相信，当你在踏出第一步的时候，无论遇到什么困难，都不会退缩，不曾实际行动，怎么会拥有风景释放的美丽。

一个人的寂寞

寂寞的海岸线越拉越长，已经长得看不到边际。岁月在周而复始里，变得面目全非。

一个人的寂寞，如一叶小舟任由大海的波涛汹涌。

我不知道自己是不是那叶迷茫的小舟，可我知道自己的世界里被孤独充斥着，已经分不清自己在哪里了。多少次徘徊，让自己困惑在人生的渡口。一直觉得自己的世界很精彩，突然，发现自己是孤独的、寂寥的。在孤独这条道上，洒下太多的泪痕，再也无法抹去。

时间的记忆已经写进了生命，无法从生命里剥离，就这样写出了岁月的篇章。寂寞谱写的曲，越唱越孤独。生命的交响乐一直唱不尽人生的悲欢离合，我在所有的寂寥里写下孤独的歌。轮回的记忆有翻不尽的岁月。多年以后，不知还会不会这样一遍又一遍地去重复岁月，一遍又一遍地去追忆过往。

在重复的岁月里、在重复的孤独里，不知道是对着天空微笑，还是安静地哭泣。

一段岁月、一段记忆，深深地扎根在心里。我追随着时光的脚步，停留在那段岁月里。

泛黄的纸上写下了多少岁月的痕迹，唯独抹不去的就是那页印着笑脸的我们。

沿着长长的海岸线，慢慢地走，寂寞的时光在岁月里沉淀。

一季静秋渐别离

风起,秋叶落,季节以固有的姿态诠释着凋零,仿佛这个季节只属于冷寂。树影斑驳,叶落纷纷,一路的繁华消瘦在秋风里。

秋雨淋漓,写下往事,在晚秋暮风里。曾说过的不悔,随着那些散落的光阴,慢慢地变了,就像这秋天凋零的叶子,从树上落下来。

光阴起伏,再丰盈的景色也逃不过一叶秋凉落。

秋风扫着落叶,在空中飞舞,如一场决绝。叶落,是树的不挽留,还是风的太执着?

其实,人生很多时候都是这样,你留恋,你不舍,你付出了,最终还是会失去,就如这一季静秋。人这一生总有留不住的过往、挽不回的遗憾。

风吹落叶飘,虽未留下多少痕迹,可是我相信,风还会记得那一片叶子的葱茏。

一叶知秋,纵然,叶落,岁月依然可以风姿万种。

"你若安好,便是晴天。"感谢生命中的遇见,葱茏了季节的回眸,填充了心灵的孤寂。我在时光的渡口,拾一叶秋心。

我知道,秋已深远,每走一步就离冬更近了。那些关于秋天的故事已深藏在落叶里。

这世间,每一片叶子都有它的脉络,都有它的风景。有枯萎就会有重生,有零落就会有新生。

只有告别昨天,脚步才会更轻盈。

一念向未来

　　五月，虽然春光明媚、风光正好，心中却有些黯然。

　　回望，心路漫漫，无限感慨。人生如梦，总有一些记忆，横亘在流年中；总有一些心事，印刻在心尖上。霜染了心绪。

　　夜，悄然地蔓延，仰望星空，月色依旧。一段刻骨铭心的记忆，诉说着滚滚的尘事。

　　岁月，游走于指尖，充盈了生命的轨迹。

　　念想在岁月的海洋中，满含生命的色彩，将时光的藤蔓拉长。

　　生命的情怀铺展开来。

　　原来，成熟就是不断失去、不断心痛的过程。青春的泪滴汇聚成晶莹的露珠，闪烁着绚丽的光芒。光阴荏苒，时光流转，我一一将美好的时光盛起。

　　行走在一段风景里，为一段风光而感动，为一场邂逅而欣喜。我要书写一段只属于自己的唯美人生。

　　我沐浴在阳光中，依偎在属于自己的风景里，欢喜着自己，丰盈着自己，让内心更加充实了。

一人黄昏恋

有多少个日子没有出去走走了？细细想来，竟有些时日了。

独自踱着步子，懒散地走在一汪湖水边，静静赏着风景。恼人的愁绪也就渐渐消退了。

金黄色的光线从枝隙间洒在脸上。飞鸟从夕阳中飞来，落在枝丫上。这时，便是到了黄昏最浓的时候了。

岸旁的柳树，如瀑布般直泻湖中，掀起一缕缕湖波来。

沿着湖面的轮廓漫步，抬眼望去，湖面像一面镜子，把亭台楼榭、曲折桥廊、秋草古木、碎石山峦皆清晰地倒映在火红色的湖中。当真是"天连秋水碧，霞借夕阳红"。

最是喜欢这迷人的光线，生怕光线会随着身子的移动消失，只得站在一处地方，远远地望。

湖面上时时会出现浅浅的湖波，一层层打在岸边，又一次次退了回去。

湖岸边有数丛芦苇在风中招展，纤细的枝干，光滑的质感，一片片细长的叶子托着毛茸茸的芦花摇曳。一池残荷败叶在这个时候，添了几分枯意秋禅的韵致。

许是天凉的缘故，湖面上笼罩了一层薄薄的雾。远山如黛，朦朦胧胧地如玉女出水。

深秋，一树红枫最是惹人爱。

我总是对枫有种难以名状的痴爱。它不仅有俊俏秀雅的风骨，还有临风玉立的姿容。

天色渐渐向晚，泼墨的山浅浅地退了。我独自一人置身黄昏，与暗暗的光线交织在一处。

远望，云朵深浅不一，晚霞余韵还在，一轮红日徐徐欲坠——真是美极了！

黄昏的美，是一杯微温的酒，总没有意尽的时候，增添了许多情愫在里头。它仿佛是一段平静与淡泊的隐语，把生命中的美好蕴含其中。

岁月弹指，烟云逝。也许古往今来正是如此，才有人发出"夕阳无限好"的感叹。

难怪有人说："黄昏是破晓前最飘逸的伏笔。"

依着时光前行

不知不觉间，已是秋天。初秋的清晨已不像夏日，有点清凉。不知为何，每每提到秋心头就会有淡淡的感慨。我徘徊于秋日里，感受如流的时光。

人生有太多的遗憾，还未来得及做，时间就悄然地溜走了。

我们都在时光的洪流中努力生存着，不敢有任何的松懈，有些事情过去了，便再也难以拥有。于是，每个人都在想尽办法努力生存着，也许你放松了，便会失去。

夜半时分，思绪清晰可见，总有那么些美好的字眼跑上心头。

正因心中有了你，才给了我生活的动力，给了我面对生活的勇气。

滚滚红尘，只因有你。

生命最美的见证就是心中不变的情怀。

时光依然，我们渐行渐远。如果有一天，在转身的瞬间，找不到归宿，请不要悲伤，跟随着风的脚步，去追寻，你会发现，生命无处不在，风光无处不在。

时光浅淡，岁月依着清秋的脚步，杳来。打开心扉，所有泛黄的记忆，点点滴滴，清澈如流。翻开，便有了记忆，那里有你我留下的足迹。

我在与时光的漫步中，缓缓地感受着秋日的物语。就在这个清秋，倚着时光，前行。

因为，经历过

这些天来阴雨连绵，一直处于愁绪万千的压抑中，一种不能言语的无奈和失落缠绕在脑海，痛苦万分。

很多时候，自己像个无助的小孩，渴望有个人关怀，有个人怜爱。不知为何染上了这种情结，患得患失。

夜晚，痴痴地望着墙壁，难以入睡，心事缠绕。

沉静的夜，是那么孤单，那么寂寞，那么彷徨，想要挣脱，却不知道如何。

抬头仰望夜空，如水的月光洒在身上。

在一缕缕无奈中凝望，翻阅着走过的日子，既有沧海桑田的变化，也有物是人非的伤感。

时间的脚步带走了曾经的一切，湮没在尘埃中，残留着一些遗憾。

在人潮人海的时光中，欢乐与忧伤交织，得到与失去交替。

在每个人的心底都有一处地方，承载着伤痛。我在独自承受的过程中，驻足回想，发现原来那些经历都是生命里程中的必然。在一次次的挫折中，在一滴滴的泪水中，懂得了生活，知晓了生活。

人生有太多不如意，有太多令人感伤的事。

当有一天，你能够用平常心坦然迎接风雨，这就是过去的那些付出结出的最好果实。

青春，尝过了酸甜苦辣，生活会更加坦然。

盈盈雪落，洁白的念

瑟瑟的北风拂过面颊，寒意刺骨。冬天，终于来了。嗅着冬日的气息，期盼一场雪落。

春夏秋冬，美景无限，唯独钟情于寒冬的白雪。洁白的素雪滤去了世俗的尘埃，那些喧闹与繁杂瞬间被凝结，只剩下一片幽静、一缕祥和、一份安宁。

雪，晶莹剔透，圣洁无瑕，超然脱俗。雪，自然界最美的赐予，瓣瓣雪花在空中旋舞，像极了一个个纯洁的天使降落人间。

雪，是这一季的主题。

人的心若能像雪一样纯净，不被世俗所污染，那将多一份美好。

雪籁籁地下着，带着丝丝的寒意，蔓延了全身。生命里总有一些人、一些事触动你的心弦，生动你的流年，填满你的心海，惊扰你的人生。

想来这世间的雪花每一朵都蕴含着它的情意，它携着一份深深的眷恋，飘洒在大地上，给人们带来了希望……

雪花，在静谧的深夜潜入我的心里。朦胧中，我身着风衣，伫立在凛冽的风雪中。雪花飘飘，落入了心田。

盈盈雪落，一场倾城的雪为这个寂寥的冬增添了几分色彩。冬有诗意，冬有静美，冬有雪飘。雪在飘，念在飞……

与时光相守

　　不曾邀约，走过万千风景于清幽静谧处，与你相逢。浸沐在这斑斓的时光里，多想一直就这样静静地坐着，与时光相守。

　　在这寂寥的夜色中，心思荡漾。一样的季节，却已不是当年的模样。在漫长的岁月里，有多少故事在流转。时光，不知憔悴了多少容颜，失落了多少心扉。这一刻，只想静静地聆听记忆里的故事。

　　人生匆匆，仿佛昨日就在眼前。悠悠的情将过往的故事于心底蔓延开来。时光无言，光阴无语，那段深沉的往事落入年华的诗行。

　　很多时候，总有一些感动摇曳在时光中。风吹动了叶子，片片飘落。叶的枯萎不免会留下抹不去的遗憾。

　　在岁月的变迁中，我用心感知那一份记忆、那一份温暖。

　　雨，滴滴答答敲打着玻璃窗，很轻、很凉……

　　生命中有太多的遇见，有的人，记住了；有的人，忘记了。有一种情，任时光荏苒、容颜老去，始终留在心间。悉心感受那一份情，于寂寞的光阴里，依然能够盈握一份欣喜与感动。

　　一路走来，一切似乎都没有改变。站在窗前，望向远方，最深的流年在时光的最远处。

愿岁月温柔以待

我们每个人的生活中，都应该有些值得执着的东西。

一场风雨之后，凉了。默念，岁月留有太多的遗憾。

时间，不断地变化；人生，有太多的错过。

光阴流转，多少事？

生活太过忙碌，已经多久不曾与老友叙旧？已经多久不曾与亲人谋面？已经多久不曾与心灵交流？无论风尘辗转多少年，有些人、有些情依然在自己的生命里。

终于明白，最好的经历就是让自己记得一些事情、一些感动。

生命中有很多事情值得珍惜。时间有限，你没有工夫遗憾和叹息。

也许我们会忘记阳光明媚的日子，但一定会记得生命夜色里的点点星光。不要轻言放弃生活，时光的长廊里有你想要的答案。

怀着对生命的几分敬意，简单地生活，简单地爱，循着自己喜欢的步伐与格调去完善并不完美的人生——这就是生活。

人生不过数十载，生命有限，所以，不可辜负和浪费。

在春天里播种希望

　　春，是播种的季节；春，是孕育希望的季节。我在春天寄存一份希望，催生未来的时光。

　　春天来了，大地万物苏醒。当你置身于大自然，接触到抽新的绿叶、萌芽的嫩草……这些崭新的生命时，内心也就越发感到春天的不同了。

　　大地已经脱掉灰色的外套，露出绿色的衣衫。不经意间，眼中多了些许颜色，还有一些叽叽喳喳的声音，它们几乎是同春天一起而来的。

　　春意渐暖，阳光和着微风而来。

　　林中的鸟儿一会儿展翅嬉戏，一会儿又栖在枝头。

　　春味渐浓的三月，一片生机……

　　春天拥有超强的活力，只需东风轻拂、雨水细洒，葱绿就会慢慢重生于每一个角落。这些春天动人的美色，使得人们困钝了一整季的心情霎时豁然。

　　春天是令人着迷的，微风拂面，细雨缠绵，绿树花开。

　　在这美好的季节，重生的风物谁不喜欢？谁不想欣赏这诱人的画面？又有谁不爱恋这优美的春色？

　　在轮回的时光里，不老的只有春色，正是这种蓬勃的景致才令人倍感喜欢。

　　春天，是生命的起点；春天，是播种希望的季节。

生活中，每个人都怀有希望，希望生活美好。

我不知道这个春季在下一秒会给我带来多少意外的惊喜。但我知道，这是新的开始，这是生的希望！

虽然春天是短暂的，但是，它在我的心中却是永恒的。

在岁月里做一个懂得感恩的人

岁月忽而老了，光阴的屋檐下多了一份静谧。在安静的氛围中，可以听到自己内心跳动的声音。

夏天的色彩越来越浓了，绿染心扉。那清亮的叶子，绿得让人心动。

生命的色调，浓也好，淡也罢，自己喜欢就是最好的日子。

清晨的阳光掩映着窗外的蔷薇，越发显得明媚生动。

岁月花开于枝头绽放，将时光一一折叠成卷。越发喜欢沉静，默然了。时光的信笺上，挂满了我的记忆，透过斑驳的阳光泛着光泽。

我们这一路的风景就是生命的一树花开。日子在年轮里刻上了或深或浅的印记。

我将岁月里的点点滴滴一一拾起，婉约成一道道靓丽的风景。

站在时光的巷口，总会发现新的风景。

生活无非就是柴米油盐，日子不过就是云淡风轻。

最美妙的东西在时光的路上。

我在岁月的韵脚里，许下一份心愿.

心若美好，岁月何愁没有静好。

守望一段岁月，用光阴盛装一处风景，赋予所有的美，便是最好的安放。

在最美的时光，遇见最美的你

春天，以婀娜多彩的姿态款款向我走来，洋溢着明媚。

在春天遇见你，遇见最美的时光。轻轻拨开春天的晨雾，我看清了你自然而纯真的面容，你的双眼清澈而灵动，你的头发乌黑而细长，你的笑容淡然而甜美。

默默地看着你，只想静静地欣赏你。

你醉了我的心，我醉倒在你最美的一瞬间。当你守住倾城的时光，便守住了心中的倾城。时光是一道永恒的风景。你站在那里，也是一道美丽的风景。

金色的阳光大片地洒着，空气里溢满了温暖迷人的气息。

在最美的时光，遇见最美的你。当我遇见你的时候，天空下起了小雨。

美丽的时光总是那么永恒。季节变化，爱你的心一直没有改变。

美丽的时光、美丽的春天、美丽的人，总能发生意想不到的美丽故事。遇见你，是我最美丽的期待。

在最美的地方、最美的季节，遇见了最美的你，是我最美的意外、最美丽的相遇。

这一生最温暖的事就是与你相遇

一直相信，这人来人往的道路总有一条适合自己。生命在平淡中一天天地度过，美好的情愫在日月积累中，蔓延。

在向晚的黄昏里，俯瞰万家灯火，顿觉岁月静好。那些温和明净的画面、寻常温馨的生活，浮现于眼前。漫长的光阴中，一路的风景总有一些让人留恋。

一首歌听了许多年，依然喜欢；一个人走了很久，依然坚守。生命中永恒的东西不多，唯有我对你的执念不变。

你在我心里从未远离，我的生命因为有你不再孤单。

生命经历了日月绵长，感触了人间冷暖后，懂得了许多，明了了许多。

这世间所有的经历都是值得回味、值得珍藏的。所有的过往一定是叠加生成的，我不知道由春到秋的距离有多远，也不知道从红颜到白发会经历多少风雨，我只知道距离要用懂得来衡量。

也许这一生最幸福的事，就是于平淡中走过风风雨雨的路，在每天的黄昏中点亮一盏心灯，分享生活的点点滴滴，独享一份安宁。

容颜，走过河流和山川，越过坎坷和风雨，就这样与时光携手，渐渐变了模样。

岁月的那条河我们曾经蹚过，人生的颠簸我们曾经历过，这一生最温暖的事就是在旅途中与你相遇！

珍惜生命，感恩生活

其实，我们来到这个尘世寻找的无非就是内心的安宁。所有苦难，若选择了微笑，就会变得淡然。

世事如书，我们每个人都在谱写着自己的人生长卷。在迂回的时光中，体会到生活中渗透的苦涩况味。

在光阴里行走，生命的脚步无声地叩问着，百味世事。

一颗心不尘不染，学会了怎么生活。

我与光阴把盏，与岁月言欢。其实，最温暖的相伴一直在心上，最珍贵的懂得亦一直在身旁。

有一种信仰，在心中。

时光匆匆，一去不复返。生命的流光里，有多少想做而未做的遗憾，有多少想求而未有的结果？

光阴似水，没有多少时间计算它的长短。太多时候，我们在喟叹人生、遗憾人生，成为生命里的过客。

其实，我们都在做一件事，那就是在人生路上行走。岁月的路途，那些相遇的美好装点着我们沿途的荒凉。

也许，只有经历世事无常，才懂得感恩生活，珍惜生活。

真正的生活

人生短暂，容不得彷徨和犹豫。瞬间，天色已晚。

活着，对于人生而言，就是对某种信念的追求。

每一个人都希望自己轻松而又自在地活着。可生活偏偏会出其不意地制造一些麻烦，让我们难以承受。

生活，就是一本厚重的书，蕴藏着知识。

美好的生活总是值得去追求，哪怕历尽艰辛。

生活，是维系我们生存下去的理由，也是我们活着的最终意义。任何一个人都需要生活，我们要学会爱自己、爱生活。

只有学会生活，才能更好地爱自己、爱别人。

所以，真正的生活是来自内心的热爱，是思想火花的绽放。

当你真正爱生活、爱自己了，就会发现天地如此之辽阔、海洋如此之气势磅礴。由此，你会热爱人生的一点一滴，热爱这世间的一草一木，那么你的心中就会充满力量，就会充满温暖和快乐。

这世上，一个有力量的人必定也是一个好好爱自己的人。一个能够好好爱自己的人，也必定会收获一份来自内心的真正的生活。

走过的年华

走过的年华如烟雨，无法释怀的旧日撕扯着心绪，不由地感叹。

一晃好几年就过去了，时光竟是如此之快，匆匆而去。站在山巅之上，回过头看一切，如同空谷中的声音是那么的熟悉又那么的陌生。

一路走来，走过了多少千山万水？

旅途中，我们从来都未曾缺少阳光的相伴，唯独缺少明媚的心灵。有多少人曾迷茫于失意之中，无法解脱？

岁月在我们脸上写下了深深浅浅的痕迹。

我们不管处在怎样的环境中，也许经历就是最好的生活。

我们每天都在进行着自己独特的故事，没有太多的观众，也没有太多的对白，虽然带着乏味厌倦的感觉，却另有一番意义。

有时候，我觉得自己就是时间的指针，该怎么走不能自己左右，有意偏离，却又无能为力，只有无奈。

你我都在唱着无奈的歌，踩着长长的叹息，带着牵绊走在人生的路上。不知道多年后的某一天，当你我捡起那片碎落一地的光景，曾经的画面再度重现时，是否能够无憾于今生，无悔于这一程的时光……